MANUAL APRENDA A EVANGELIZAR

Manual APRENDA a Evangelizar: cómo dar el regalo más grande

ISBN: 978-1-63308-594-7 (tela)
978-1-63308-595-4 (rústica)
978-1-63308-596-1 (ebook)

Traducción al español: Janet Arancibia
Diseño interior y portada: R'tor John D. Maghuyop

1028 S Bishop Avenue, Dept. 178
Rolla, MO 65401

Impreso en los Estados Unidos de América

MANUAL

APRENDA A EVANGELIZAR

Cómo dar el regalo más grande

Dr. Marshall M. Windsor

CHALFANT ECKERT
PUBLISHING

Para Nancy

Ciertamente, el amor de mi vida.

«Tú puedes reírte del cristianismo, puede burlarte de él y ridiculizarlo. Sin embargo, da resultados. Cambia vidas. Debo decir que Jesucristo *cambia vidas. El cristianismo no es una religión; no es un sistema; no es una idea ética; no es un fenómeno psicológico. Es una persona. Si confías en Cristo, comienza a observar tus actitudes y acciones porque Jesucristo está dedicado a cambiar vidas.»*

Josh McDowell
Más que un carpintero
Editorial Unilit, 2012

CONTENIDO

INTRODUCCIÓN

Una de las palabras más temidas en la iglesia hoy es *evangelismo*. Parece despertar temor en muchos corazones y nos impide hablar de «la esperanza que está en nosotros» y en cada uno de los seguidores de Jesucristo (1 Pedro 3:15). La cultura de hoy ha aceptado la tolerancia a un nivel poco saludable; al punto de influir en los cristianos para rehuyan el mandato divino de nuestro Señor y Salvador, Jesucristo: «Id y haced discípulos a todas las naciones» (Mateo 28:19). Las Escrituras nos dan grandes ideas para hablar activamente de nuestra fe. El apóstol Pablo se refirió a esto:

> *Sea vuestra palabra siempre con gracia,*
> *sazonada con sal, para que sepáis cómo*
> *debéis responder a cada uno.*
> *Colosenses 4:6*

Conversar con las personas es obviamente parte de compartir nuestra fe con otros y hacerlo como la Biblia aconseja es primordial para presentar exitosamente las verdades de las Escrituras en maneras que sean bien recibidas.

Si somos sinceros, habrá días en que todos los cristianos podrían luchar con sus sentimientos de insuficiencia para presentar el mensaje del evangelio. Los medios sociales han acentuado la sensibilidad humana a los sentimientos de inseguridad y el temor al rechazo; nadie quiere sentirse rechazado ni ridiculizado. De hecho, el evangelismo en cualquier cultura requiere que venzamos nuestro temor de dar un paso de fe para ayudar a alguien a escapar del juicio de Cristo que se avecina (2 Timoteo 4:1). Todos debemos orar que el amor de Dios llene de tal manera nuestro corazón que no podamos dejar de compartir las maravillosas nuevas de Dios cada vez que tengamos oportunidad. Como Greg Laurie explica en su libro *How to Share Your Faith* [Cómo compartir su fe],

> «Cualquier oportunidad de compartir nuestra fe con efectividad siempre comenzará con una carga que Dios nos da. Y si hoy somos brutalmente sinceros, tendríamos que decir que no tenemos esa carga. Si la tuviéramos, con toda franqueza, creo que muchos de nosotros haríamos más.»[1]

Que el Señor nos dé una sensación de piadosa incomodidad cuando dejemos de dar testimonio de lo que Dios ha hecho en nuestra vida y el maravilloso plan que tiene para su Creación.

Espero que este libro lo anime a unirse a un creyente o dos para animarse mutuamente en el Señor (1 Tesalonicenses 5:11) mientras salen a esparcir la semilla del Evangelio. ¡Usted puede hacerlo! De hecho, la «Biblia claramente enseña que el testimonio personal no está restringido a unos pocos que están específicamente dotados para el evangelismo».[2] Con toda sinceridad, el evangelismo personal es iniciar conversaciones con la esperanza de poder compartir acerca de la grandeza de Dios y lo que ha hecho en su vida, y al mismo tiempo escuchar con atención a personas que tienen dudas y tal vez experiencias negativas. Mi oración es que *Aprenda a Evangelizar* lo ayude a aprender cómo iniciar esas conversaciones espirituales.

Entonces, ¿qué es *Aprenda a Evangelizar*? *Aprenda a Evangelizar* es sencillamente una herramienta que lo anima a iniciar conversaciones y a compartir su fe. Pero recuerde, una conversación es una calle de dos vías. Debemos poner tanto esfuerzo, o más, en escuchar respetuosamente que

---

1 Greg Laurie, *How to Share Your Faith* (Carol Stream, IL: Tyndale House, 1999), 3.

2 Randy Hurst, *Response Evangelism* (Springfield, MO: Gospel Publishing House, 2005), 14.

en hablar cuando compartimos lo que Dios ha hecho en nuestra vida. Dios quiere que otras personas tengan una recta relación con Él, y es posible que quiera usarlo a usted para hacer tal cosa. No hay solo una manera de compartir su fe para que dé fruto en cada situación; por eso la obra del Espíritu Santo es tan importante. Todos tenemos una historia de lo que Dios ha hecho en nuestra vida, y la suya podría ser *LA* historia que ayude a cambiar la vida de otra persona para la eternidad.

En este libro, espero que el Espíritu Santo revele la importancia de establecer relaciones con las personas. A veces, las relaciones son las herramientas que Dios usa para nuestro aprendizaje. Asimismo, necesitamos ser intencionales en nuestras relaciones personales. La esperanza es compartir de Cristo y revelar la gran diferencia que hay cuando una persona lo invita a su vida. Así que, respire profundo, ore fervientemente por oportunidades y por las palabras que dirá, después ¡salga a un mundo que lo espera! Comience a establecer relaciones y a iniciar conversaciones con la esperanza de presentar a Cristo a alguien que no lo conoce. Todo cristiano debe orar que Dios le dé una sensibilidad especial para detectar las oportunidades divinas que el Señor ha concertado para ese momento en particular. Dicho esto, todos debemos tratar de intencionalmente fomentar por lo menos una amistad cada año. Las relaciones que establecemos son una clave crucial para descubrir las oportunidades que Dios nos da para compartir.

En las siguientes páginas, notará que cada capítulo ha sido desarrollado en torno a una palabra clave con historias y oportunidades que ilustran y complementan cada palabra. He incluido el relato de algunas oportunidades de evangelismo que he tenido a través de los años que me han dado el privilegio de compartir algunas semillas de aliento a través del evangelio. Mi oración es que en las próximas páginas, usted también encuentre aliento respecto al privilegio de compartir su experiencia de fe con otros. Ver cómo las personas cruzan la línea de fe con una sincera oración en que piden perdón y expresan su fe en Cristo para la salvación es un gozo que no se puede negar, y mi deseo es que usted también lo experimente.

Pero primero, debemos responder una pregunta muy real y reveladora. ¿Vale la pena que nos esforcemos para anunciar el mensaje del Evangelio a otros? ¿Es realmente importante que nos arriesguemos a soportar el rechazo o la aflicción que podría sobrevenir? ¿Estamos dispuestos a que se nos señale, a ser diferentes? El siguiente capítulo comenta estas preguntas. Es una adaptación de un estudio acerca de Jan Hus que escribí hace unos años atrás. Esto significa que habrá muchas referencias y detalles acerca de Jan Hus que tal vez no se mencionarían en una conversación normal. Mientras lee las siguientes páginas, espero que desarrolle un aprecio por aquellos cristianos que nos precedieron y sufrieron lo indecible por causa de su fe. Tal vez, esto lo ayudará a aliviar su temor personal cuando se trate de las conversaciones de fe y le revelará oportunidades que ha pasado por alto.

CAPÍTULO 1

¿REALMENTE VALE LA PENA?

Hay días ne que me pregunto si estoy haciendo algo bueno con mi fe o con mi cristianismo. Cuando veo el descarado rechazo y la persecución de los cristianos hoy me pregunto: «¿Estamos haciendo algo que realmente valga?». Pero parece lógico, el solo hecho de que todavía hay persecución parece validar la necesidad de sembrar más semilla del evangelio. Ni siquiera imaginamos la vida que Jesús cambiará por nuestra obediencia. Pero lamentablemente, también me doy cuenta que la posibilidad del rechazo y la persecución produce ansiedad en muchos de nosotros.

> «Las llamas se elevan, y vemos a un hombre atado a una estaca en medio de esta ardiente prueba...»

Por eso la fe es tan importante. Hace poco leí que la «fe florece en la piadosa incomodidad»,[3] esto tiene mucho de verdad. Cada vez que compartimos palabras de esperanza con alguien que conocemos o no conocemos bien, tenemos que dar un paso de fe porque esto causa una cierta incomodidad piadosa en la mayoría de nosotros. En Romanos 10:17, Pablo nos anima con esta promesa: «Así que la fe es por el oír, y el oír, por la palabra de Dios». Por eso la lectura de la Biblia y el tiempo

---

3 Louie Giglio, *Goliath Must Fall: Winning the Battle Against Your Giants* (Nashville, TN: W. Publishing, 2017), 115.

que pasamos con Dios es tan importante—nos ayuda a convertirnos en un pueblo de fe que puede vencer sus temores y nos ayuda a obedecer los mandamientos de Cristo.

¿Pero vale la pena vencer los temores al posible rechazo y la burla cuando se trata de hablar acerca de su experiencia de fe? ¿Puede una persona hacer algo realmente significativo para el Reino de Dios? Yo le aseguro que todos enfrentaremos nuestros temores y desafíos si nos proponemos ser verdaderos discípulos de Cristo. Cuando seguimos a Cristo con todo nuestro corazón, alma y mente, veremos como se obra en nosotros un cambio a Su semejanza—y que suceda en parte en este lado del cielo. Como el apóstol Pablo también lo estableció en 2 Corintios 3:18:

> *Por tanto, nosotros todos, mirando a cara descubierta como en un espejo la gloria del Señor, somos transformados de gloria en gloria en la misma imagen, como por el Espíritu del Señor.*

Si nos sometemos a la Escritura y luchamos para seguir la dirección del Espíritu Santo, nos sorprenderá el impacto en nuestros amigos, familia, pares, las comunidades e incluso en las generaciones futuras. En las páginas que siguen, quiero presentar la historia de un hombre cuyo legado ha afectado generaciones hasta hoy, con su inconmovible fe en Dios y su firmeza en la adversidad por la causa del Evangelio. La historia comienza en el siglo catorce, con un hijo de campesinos, que revolucionó el mundo.

Un hombre llamado Jan Hus

Las llamas se elevan y vemos a un hombre atado a una estaca en medio de la hoguera. Alguien puso una corona de papel sobre su cabeza con ilustraciones de demonios, que lo identifican como el hereje entre todos los herejes, con la inscripción «El Archihereje».[4] Pero debemos recordar que este es el siglo quince y con frecuencia los herejes eran quemados en la hoguera por blasfemia de cualquier tipo contra la iglesia católica. Y esta no era la iglesia católica como la que tenemos hoy—una iglesia que hace el bien y guía a las grandes masas a Jesucristo. Esta era una iglesia políticamente poderosa con autoridad para destituir a emperadores. Ver a alguien morir en la hoguera no era un panorama poco común, pero ver la muerte de un inocente era algo completamente diferente.

La ocasión parece ser ciertamente diferente, y sin lugar a duda una clase diferente de hombre, cuando se escuchaba el canto que venía de en medio de las llamas. Este hombre, Jan Hus, continúa su canto y las llamas de la muerte se elevan más alto, y en su paso, consumen su ropa y su carne. Hus canta un himno conocido: «Cristo, Hijo del Dios viviente, ten misericordia de mí».[5] Su aparente victoria en la muerte parece interrumpida cuando, al comenzar el tercer verso, una ráfaga de viento sopla las llamas a hacia su cara, poniendo fin hasta el más resuelto intento de vivir. Y así, una vez más el comienzo del fin estaba por suceder. ¿Era este sólo otro hereje quemado en la hoguera, o era un mártir de la fe verdadera, que defendió la verdad de la Santa Palabra de Dios?

La fecha es el 6 de julio de 1415 en la hermosa ciudad de Constanza, Suiza. El rey Segismundo de Aldo había convocado a un concilio para acabar con las divisiones que había en la iglesia católica, específicamente, había tres papas. Cada uno luchaba por el control y usaba cualquier método a su alcance para tenerlo. El Concilio duró unos tres años, con el martirio de Hus como una de sus respuestas al problema de la enseñanza herética, o lo que entonces pensaron. De este martirio fue que surgió la Iglesia de la Fraternidad Bohemia, que fue un catalizador para la Reforma. Incluso John Wesley, tres siglos después en su movimiento metodista, fue influenciado por este hombre de Bohemia. El movimiento de Wesley se

---

4 J. P. Bartak, *John Hus at Constance* (Nashville: Cokesbury Press, 1979), 52.

5 Ibid., 55.

convirtió en la semilla del movimiento pentecostal, que los pentecostales vieron como la completa restauración de la iglesia del Nuevo Testamento, a principios del siglo veinte.

La vida y el martirio de Jan Hus tuvo un dramático impacto en la iglesia del siglo quince. Tal fue, que la influencia de Jan Hus perduró después de su muerte e influyó en las creencias de Martín Lutero en la Reforma Protestante del siglo dieciséis, y las organizaciones pentecostales de hoy. Comencemos con una mirada al trayecto de Jan Hus desde Hunisec al Concilio de Constanza. También examinaremos algunas de las influencias que recibió Hus, aquellos en quienes él ejerció su influencia, y los principales asuntos que han perdurado a través de los siglos.

La formación de un mártir

Se desconoce la fecha del nacimiento de Jan Hus, pero se cree que fue en 1373. Algunos han dicho que fue en 1369, pero esto significaría que Hus recibió su ordenación a los treinta y dos años de edad, en vez de los veinticinco años que es la edad más normativa. Jan Hus nació en el pueblo de Husinec, ubicado en la parte sur de Bohemia (un pequeño país que hoy es parte de la República Checa), que tenía aproximadamente 1.800 habitantes. Incluso el día mismo de su nacimiento es un misterio, y la tradición de celebrar su nacimiento el 6 de julio pudiera realmente solo ser la conmemoración del día en que fue quemado en la hoguera. El concepto «día del nacimiento» para los husitas realmente señala el día de la muerte de una persona, «ya que la muete para ellos era el nacimiento a la vida del Espíritu».[6]

El nombre Jan Hus, que también se deletrea Juan Huss, se presta para confusión porque Hus no era realmente su apellido, ni tampoco

6 Paul Roubiczek and Joseph Kalmer, *Warrior of God: The Life and Death of John Hus* (London: Nicholson and Watson, 1947), 22.

sabemos cual era este verdaderamente. No era poco común que se asociara el nombre de una persona al lugar o al pueblo donde vivía o donde había nacido. Jan Hus a veces firmaba su nombre como «John Hus» y algunos de los documentos oficiales están firmados «como Maestro o incluso Doctor Johannes von [de] Husinecz».[7] La palabra checa «hus» significa ganso, que hacía a Jan Hus el objeto de muchas bromas, principalmente las propias. En cierta ocasión cuando un amigo escribió acerca de su apellido, Hus Respondió: «Si amas a tu pobre Ganso, procura que el rey le envíe guardias».[8]

No se tiene mucha información acerca de los primeros años de vida de Hus, su infancia en Husinec. Creció en un hogar de campesinos, y su padre murió cuando era todavía joven. se cree que Jan era el favorito de su madre y ella se esforzó para darle una educación y para que fuera sacerdote. Tal fue su esfuerzo, que a veces lo acompañaba a la escuela. El mismo carácter de Hus, que nunca en su vida dio lugar a dudas, es evidencia de la norma de piedad con que su madre lo crió en el hogar. Hus tenía en alta estima a su madre y la reconocía por haberle enseñado a decir: «Amén, si Dios así lo concede».[9] Jan tenía otros hermanos pero lo que se sabe de ellos no es de gran importancia.

Jan Hus recibió la mejor educación de su tiempo, pero no fue algo que recibió en bandeja de plata. Hus primero estudió en la escuela del monasterio local en Husinec, y cuando vieron su potencial los monjes lo enviaron a la escuela cercana en Prachatice. Le fue muy bien allí y al terminar sus estudios decidió que iría a la Universidad de Praga. Sin lugar a dudas su llegada a la gran ciudad de Praga fue una gran impresión para Hus, por haber crecido en un pequeño pueblo campesino. La población

---

7 David S. Schaff, *Jan Hus: His Life, Teachings, and Death* (New York, Charles Scribner's Sons, 1915), 19.

8 Ibid., 20.

9 Matthew Spinka, *John Hus: A Biography* (New Jersey: Princeton University Press, 1968), 22.

de Praga en 1380 era de aproximadamente ochenta mil habitantes, y unos siete mil de ellos eran de la Universidad de Praga «de acuerdo a cálculos muy conservadores».[10]

Hus tuvo que trabajar mientras estudió en la universidad porque venía de un hogar pobre. Él cuenta de una vez que necesitó «añadir a sus limitados recurso, participando como cantor en servicios religiosos».[11] La escasez de dinero era evidente ya que Hus cuenta de una vez en la escuela en que hizo una cuchara de pan, y una vez que hubo comido sus arvejas, «también se comió la cuchara».[12] Hubo momentos en que el piso fue su única cama, a la vez que rápidamente llegó a la conclusión de que por tener un trasfondo campesino, tendría que comenzar desde abajo en la escalera social y académica. Después de algún tiempo, pudo recibir alojamiento y alimentación en el hogar de uno de sus profesores, a cambio de su trabajo. Cuanto más subió en la escala escolástica, tanto mejor fueron las acomodaciones que pudo tener a cambio de mantener en orden las habitaciones de su profesor.

Jan Hus recibió la influencia de varias personas mientras estudió en la Universidad de Praga, dos de las cuales eran de su escuela en Prachatice. Estos dos hombres eran Christian y Nicholas de Prachatice, que habían precedido a Hus por aproximadamente cinco años. Christian se convirtió en una especie de protector de Jan Hus, y Hus se refirió a él como su «benefactor» durante su ministerio. Los maestros de Jan Hus también influyeron en la formación de su pensamiento siguiendo las líneas de John Wyclif, ya que ellos eran predominantemente seguidores de la filosofía del realismo de Wyclif. Y los mismos escritos de John Wyclif fueron probablemente las más poderosas influencias en el pensamiento de Jan Hus. Sin embargo, Hus no estaba de acuerdo con todo lo que Wyclif dijo,

---

10 Roubiczek y Kalmer, 21.

11 W. N. Schwarze, *John Hus, The Martyr of Bohemia* (New York: Fleming H. Revell Co, 1915), 29.

12 Schaff, 21.

«siempre probó de manera crítica hasta qué punto afectaban la ortodoxia esencial».[13]

Jan Hus recibió su grado de licenciado en letras en 1393, su licenciatura en divinidad en 1394, y su licenciatura en filosofía y letras en 1396. Después de estas realizaciones, Hus comenzó a enseñar en el área de las letras en 1396. El 14 de marzo de 1402, Jan Hus fue nombrado «rector y predicador de la Capilla Belén»,[14] conocida también como los Santos Inocentes en Belén. Fue con este nombramiento que Hus recibió realmente un «ingreso adecuado» por su trabajo. El mismo Hus al principio se sintió gozoso por los beneficios monetarios del sacerdocio, pero más tarde confesó que su razón inicial para avanzar en el sacerdocio fue tener las mejores ropas, alimento y condimentos que la sociedad podía proveer.

Fue en la Capilla Betel, que Jan Hus comenzó a predicar lo que la iglesia católica llamó herejía. La Capilla Betel fue construida y dedicada a la predicación del Evangelio en el idioma del pueblo, que era contrario a la norma de la iglesia católica de ese tiempo. La Iglesia Católica conducía todos sus servicios en latín, y consideraba que todos los laicos eran demasiado ignorantes como para entender las Escrituras. La estratégica ubicación de la Capilla dentro de la gran ciudad metropolitana de Praga la convirtió en un gran epicentro para la propagación del Evangelio según lo que Hus vio.

Hus era un hombre sin temor cuando censuraba al clero y a otros que mostraban «indiferencia ante las necesidades espirituales de las personas»,[15] y también a aquellos que se encontraban abiertamente en pecado. Hus tenía un discurso mordaz para quienes se identificaban como parte del clero pero que manchaban su posición con inmoralidad, incluyendo al papa. Un tema típico de Jan Hus, y entre los reformadores tempranos,

13 Spinka, 37.

14 Ibid., 39.

15 Schaff, 36.

era el de «Cristo montando un burro y el papa montando un caballo y la gente rodeándolo para besarle los pies».[16] Esto se debía a que el corazón de Jan Hus estaba con la gente y sus necesidades espirituales. Pobres y ricos, él podía relacionarse y simpatizar con todas las personas.

Al principio, Hus predicó el tipo de sermones católicos «ortodoxos» en el idioma del pueblo, aunque los escribió en latín. Pero con el paso de los años, él comenzó a apoyarse más en las enseñanzas de John Wyclif. Los principales argumentos que Hus tenía contra la Iglesia Católica eran los abusos de autoridad, «la sustitución de la religión del corazón con ritos y ceremonias»,[17] y también la venta de favores y beneficios espirituales para la ganancia financiera, que conocemos con indulgencias. El papa Juan XXIII demostró esto cuando le dijo a la gente que «daba total remisión de pecados a todos los que lucharan a su lado para defender a la Iglesia».[18]

Las tres principales instituciones o áreas de pensamiento medieval que Hus atacó fueron la autoridad absoluta del papado, la iglesia sacramental y la inquisición,[19] que establecía que el hereje no tenía ni siquiera el derecho de vivir. Hus no creía que el papado tuviera autoridad suprema sobre las Escrituras o sobre las personas, para incluir la autoridad de destituir emperadores y dispensar vida o muerte. Además pensaba que no se debía permitir que el clero que vivía en pecado sirviera los sacramentos, aunque sí creía que todavía se efectuaba la transustanciación (la creencia de que el pan y el vino que se sirven en la comunión literalmente se convierten en el cuerpo y la sangre de Cristo en la consagración—lo único que permanecía era la apariencia del pan y del vino). La posición de la iglesia sacramental de la Iglesia Católica sostenía que «no importa cuán inmoral fuera el sacerdote, sus palabras efectuaban la transustanciación del pan y

---

16 Roland H. Bainton, *Christianity* (New York: Houghton Mifflin Co., 1987), 217.

17 Levi Oscar Kuhns, *Jan Hus: The Witness* [(Cincinnati: Jennings and Graham, 1907), 11.

18 W. Grinton Berry, *Foxe's Book of Martyrs* (Grand Rapids: Baker Books, 1994), 93.

19 Schaff, 4.

del vino».[20] Y Hus creía que la inquisición era solo una manera de eliminar a quienes no estaban de acuerdo con la Iglesia Católica. De una manera u otra, él predicó su oposición a todas estas tres «instituciones».

Debido a la persistencia de Hus en su predicación de lo que llamaba «herejía», el papa promulgó una orden de que debía ser excomulgado y que toda predicación debía ser interrumpida de inmediato. Hus continuó su predicación y se dio la orden de derrumbar la Capilla Belén. Esto creó un gran revuelo y Jan Hus, después de mucha oración, decidió ir al exilio. El rey Wenceslao le había pedido que saliera y algunos nobles del sur de Bohemia le ofrecieron protección. Hus visitó de manera intermitente su iglesia en Praga, pero cuando quiso predicar los líderes interrumpían el servicio porque, como dijo Hus: «era difícil para ellos escuchar la Palabra de Dios».[21]

El Concilio de Constanza

El Concilio de Constanza había sido una necesidad durante varios años antes de que se concretara. El incidente con Jan Hus no fue la razón que motivó el Concilio y resultó ser más incidental que cualquier cosa. Los problemas de herejía siempre fueron una preocupación en la iglesia católica, y la iglesia ya había procurado en vano poner fin a las enseñanzas heréticas de Jan Hus. Las razones predominantes del Concilio de Constanza incluía tratar la vergonzosa situación de la inmoralidad dentro del clero, además de la reparación de las divisiones que en ese momento había en la iglesia católica por causa de tres papas.

El Concilio de Constanza finalmente destituyó a los tres papas y nombró a Martín V, bajo el nombre de papa Juan XXIII, como el único papa con el fin de reunir a la iglesia. La tarea adicional ante el Concilio

---

20 Schaff, 8.

21 Spinka, 164.

era «el exterminio de la herejía y una reforma de la Iglesia en la cabeza y los miembros».[22] Jan Hus fue uno de los tres casos que escuchó y su juicio tuvo como centro los «39 Artículos» la mayoría de ellos eran de su libro *De Ecclesia* (La Iglesia).

Cuando Hus llegó a Constanza, Michael de Causis y Stephen Palecz ya habían esparcido muchas mentiras absurdas acerca de él para exaltar el ánimo de las personas. Estos embustes eran mayormente producto de la imaginación de ellos, uno era que Hus decía ser «la cuarta persona que había sido añadida a la Trinidad».[23] Stephen Palecz, quien en un momento fue uno de los amigos cercanos de Hus, ahora era uno de sus mayores enemigos. Incluso Martín Lutero, un siglo después, describió al Concilio como un ato de «cerdos salvajes» cuando se refirió a la manera en que trataron a Jan Hus.

Un problema que Hus tuvo fue que el Concilio ya lo consideraba condenado, así que a los ojos del Concilio él no tenía derechos. Para el Concilio, Hus era «supuestamente un mentiroso y debía ser tratado como tal».[24] Jan Hus no percibió esta perspectiva del Concilio, ni notó que estaba «ante un tribunal que ya había llegado a un veredicto».[25] Y aunque el rey Segismundo, hermano del rey Wenceslao, había prometido un viaje seguro a Jan Hus, esta fue una promesa que no pudo cumplir. Tardaron casi un año en detener a Hus, con los resultados de verlo arder en la hoguera. El tiempo que pasó en Constanza en ese período de su vida fue de enfermedad, dolor y soledad. Pero Jan Hus siempre pensaba en la iglesia, no en sí mismo, y escribió muchas cartas durante su encarcelamiento en Constanza antes de morir.

---

22 Matthew Spinka, *John Hus: at the Council of Constance* (New York: Columbia University Press, 1965), 65.

23 Bartak, 40.

24 Spinka, *John Hus: at the Council of Constance*, 74.

25 P. De Vooght, "Hus, John," vol. 7, *New Catholic Encyclopedia* (New York: McGraw-Hill, 1967), 272.

Una semilla de la Reforma

No se puede hablar de Jan Hus sin mencionar los husitas y las guerras husitas, que unificaron un país pero terminaron en la muerte de miles. La llamas en Constanza tenían como fin consumir las enseñanzas de Jan Hus, pero sólo sirvieron para encender el corazón de personas que estaban preparadas para una reforma. Los husitas comprendían dos grupos principales: Los «calixtinos (a veces llamados utraquistas)»[26] que eran el partido conservador compuesto de la nobleza, y los taboritas radicales que eran mayormente la clase campesina. El ejército taborita era extremadamente violento y los enemigos huían cuando ellos se acercaban. Hubo otro grupo de Bohemia que también surgió pero que no tomó las armas para luchar sino que resolvió seguir más de cerca el ejemplo de Jan Hus. Se reunieron en 1457 de toda clase de personas y después de un tiempo se dieron a conocer como «la Unión de Hermanos (*Unitas Fratrum*)».[27]

Después de la muerte de Hus, en 1419 los husitas crearon los Cuatro Artículos de Praga. Estas fueron sus creencias doctrinales, en gran medida de las enseñanzas de Jan Hus. Estas fueron:

> 1) La Palabra de Dios debe ser predicada libremente; 2) El sacramento de la sangre y el cuerpo de Cristo deben servirse a todos los cristianos fieles en la forma del pan y del vino; 3) Los sacerdotes deben renunciar a la posición y las posesiones terrenales, y a todo para comenzar una vida de obediencia basada en el modelo apostólico; y 4) Todos los pecados públicos deben

26 Kuhns, 146.

27 Schwarze, 147.

> ser castigados y los pecadores públicos en todas las posiciones deben ser restringidos.[28]

La recuperación de «la copa» del sacramento, que la Iglesia había tomado para sí, era una de las grandes metas de los husitas. La Iglesia había limitado la copa solamente al clero, «para evitar que el laico con su torpeza derramara la "sangre de Dios"».[29] Estos Artículos eran las palabras por las cuales los husitas estaban dispuestos a vivir y a morir, y que llevaron consigo al Concilio de Basilea en 1432, cuando se les pidió que participaran como colaboradores del Concilio, con el fin de defender su posición. Fue en esa oportunidad que fueron reconocidos como una institución independiente, aunque fue más de labios que ninguna cosa.

La Iglesia Católica organizó más de un intento de detener a los rebeldes checos, con nada que mostrara sus esfuerzos, excepto la muerte de millares de sus propios hombres. Eventualmente la codicia fue lo que dominó cuando los utraquistas aceptaron un pago para terminar con los taboritas de John Palomar, un miembro del Concilio que se había convertido en Praga. Se libró una batalla decisiva en el pueblo de Lipany, y los taboritas «fueron decimados en una feroz masacre».[30] Lo que otros no pudieron hacer los checos lo lograron sin ayuda alguna, el resultado fue unas trece mil muertes.

Apenas cien años y muchos mártires después, un hombre llamado Martín Lutero (1483-1546) se levantó ante el desafío de la reforma. El pensamiento de Jan Hus se ve claramente en las acciones de Lutero durante este período de reforma del Iglesia. Fue Martín Lutero quien tomó una posición contraria a Roma en 1517 y clavó sus noventa y nueve tesis

---

28 Jan Milic Lochman, *Living Roots of Reformation* (Minneapolis: Augsburg, 1979), 79-84.

29 Bainton, 217.

30 Spinka, *John Hus: A Biography*, 317.

«contra las indulgencias en la puerta de la Iglesia del Palacio»,[31] ubicada en el pueblo de Sajonia en Wittenburg. En 1516, el papa León X había ofrecido más indulgencias que pagaran su supuesta e inminente guerra con los turcos. Él dijo que cualquiera que diera por lo menos dos chelines, «a su complacencia liberaría un alma de los dolores del purgatorio».[32] Como Hus, Lutero vio como no bíblico que la Iglesia Católica vendiera indulgencias para recaudar dinero para asuntos personales, y además sostuvo que el papa no estaba por encima de las Escrituras.

Martín Lutero fue un monje católico alemán en la orden de San Agustín, quien lentamente comenzó a ver la verdad en las enseñanzas de Jan Hus mientras estudiaba la Biblia. Cuando era un estudiante, Lutero tuvo mucho de los sermones Hus y movido por la curiosidad comenzó a leer las enseñanzas del supuesto hereje. Lutero fue «movido con admiración» y también por la sorpresa de que alguien «tan apto y tan serio en la exposición de las Escrituras hubiera sido quemado en la hoguera como un hereje».[33] En 1520, Lutero pidió a la Iglesia Romana que confesara su error de haber quemado a Hus, pero fue en vano. Una año más tarde, Lutero se retractó de su anterior declaración de que solo algunos de los artículos de Hus eran verdaderos en Constanza. Él esta vez insistió que de hecho todos eran «verdad» y que el papa y los papistas habían reemplazado el evangelio con «las doctrinas del dragón del infierno».[34] Martín Lutero obviamente marcó la línea después de esta flagrante denuncia de la Iglesia Católica, y especialmente de sus líderes.

Para el tiempo de la aparición de Martín Lutero, «la *Unitas Fratrum* comprendía unas cuatrocientas parroquias y unos doscientos mil

31 Edward Langton, *History of the Moravian Church* (London: George Allen and Unwin Ltd., 1956), 41.

32 Berry, 156.

33 Schaff, 292.

34 Ibid., 294.

miembros».[35] La excelencia principal de esta iglesia estaba en la área del evangelismo y la disciplina estricta. Las escuelas con base bíblica y los seminarios surgieron cuando la necesidad de educación salió a la luz, con el fin de erradicar cualquier ignorancia que pudiera llevar a la persona nuevamente al pecado o al error en la doctrina. La Iglesia Unión de Hermanos fue la primera iglesia que puso himnarios en manos de la gente y en su propio idioma. La primera impresión se realizó en1501.

Martín Lutero se envolvió más con la Unión de Hermanos cuando se vio obligado a defender sus escritos en la disputa de Leipzig en 1519. Después de su defensa, recibió muchas cartas de apoyo y ánimo de estos hermanos en la fe a quienes no conocía. La Unión de Hermanos incluso envió representantes para conversar con Lutero en 1522, para animarlo y compartir con él sus propias creencias. Cuando la Iglesia de la Unión de Hermanos envió a Lutero una copia de su constitución y doctrinas en 1523, se destaca que «él estaba muy complacido»[36] aunque inicialmente no se interesó en estas personas. Hubo varias ocasiones en que la Unión de Hermanos envió representantes para reunirse con Lutero, y en cada ocasión le aconsejaron que implementara un sistema de disciplina estricta. En 1536 Lutero sintió que no podía continuar con la Unión de Hermanos debido a su insistencia en la disciplina de la Iglesia.

La Unión de Hermanos sinceramente se adhirió a Martín Lutero durante su vida, a pesar de su diferencia de opinión respecto a la disciplina, lo mismo que Calvino y otros. La continua relación cercana entre el movimiento de Lutero y la Unión de Hermanos fue evidente en 1570, cuando la Unión de Hermanos se «formó con los luteranos y los reformados de Polonia»[37] como una alianza evangélica que no tenía precedentes en su tiempo. Y aún hoy la Unión de Hermanos vive, en lo que conocemos como la Iglesia de Moravia.

---

35 Schwarze, 149.

36 Kuhns, 167.

37 Schwarze, 150.

Martín Lutero con frecuencia, y constantemente, dio crédito a Jan Hus por ser un gran testigo e influencia en su vida. Martín Lutero compartió su propia percepción de Hus en una carta que escribió a su amigo George Spalatin en Altenberg, el 23 de junio de 1520: «Hasta ahora he enseñado y mantenido todas las opiniones de Jan Hus inadvertidamente; lo mismo hizo John Staupitz: en resumen, todos somos husitas en una palabra».[38] Lutero se refiere a Hus como un hombre adelantado para su tiempo y Lutero mismo también lo fuè. Martín Lutero reflexionó en la suprema influencia de Hus al establecer su opinión: «Jan Hus compró con su propia sangre el evangelio que ahora poseemos».[39]

No hay duda de que Jan Hus dejó una huella profunda en Martín Lutero y en la Reforma de siglo dieciséis. Las palabras aparentemente proféticas de Jan Hus parecían tener ese sonido de verdad cuando dijo: «Dentro de unos cien años ustedes responderán por esto delante de Dios y de mí»,[40] al dirigirse valerosamente a sus acusadores en el Concilio de Constanza. Un himnario husita de 1572 nos revela la influencia de Wyclif en Hus y de Hus en Lutero. Una ilustración en el himnario muestra a Wyclif frotando pedernales para encender un fuego, mientras que Hus aparece realmente encendiendo el fuego mientra que Martín Lutero sostiene una «antorcha encendida».

La huella de Hus en nuestros días

Aún en los treinta años de guerra, que casi acabó con la Iglesia Unión de Hermanos en 1618-1648, permaneció una «Semilla Oculta».[41] Fue esta «semilla oculta» que se abrió paso hasta Herrnhut en Sajonia para

38 J. P. Bartak, 52.

39 Kuhns, 171.

40 Langton, 41.

41 Schwarze, 150.

comenzar el proceso de reconstrucción de la «hermandad». Considerando que muchas de estas personas venían de Moravia, el nombre que se le dio a esta reforma de Unión de Hermanos, fue el de Iglesia Morava. La Iglesia Morava se dedicó de lleno a la obra misionera y a los viajes, como John Wesley lo vio en las reuniones que tuvo con ellos en varias ocasiones.

Wesley recibió la influencia de estos misioneros alemanes moravos mientras viajaba en un barco con rumbo a América, y después de otro misionero llamado Peter Bohler. Bohler le enseñó a Wesley que la «fe salvadora trajo consigo el dominio sobre el pecado y la verdadera paz del espíritu».[42] Y quien puede olvidar la «alentadora» experiencia de John Wesley cuando supo de estos moravos. El mismo pueblo que influyó en sus creencias sobre la santidad, la tradición y la experiencia sumado al amor y la gracia de Dios que nos permite venir a Él con la fe sencilla de un niño. Más de trescientos años después de su muerte, estos moravos todavía llevaban la lámpara que Jan Hus había encendido. Y fueron los moravos quienes causaron tan profundo impacto en las creencias de Wesley respecto a la santidad y la segunda bendición, que hoy se reconoce como el bautismo en el Espíritu Santo.

Las creencias de John Wesley fueron las que jugaron un papel importante en la historia de la fraternidad de la Asambleas de Dios; y su movimiento metodista se convirtió en un gran contribuyente para las creencias pentecostales de los siglos diecinueve y veinte. John Wesley había aprendido de Peter Bohler acerca de la justificación solo por la gracia, así como la conciencia de seguridad y garantía que acompaña su fe. Bohler le dijo a Wesley: «si no tienes la garantía, no tienes la fe».[43] Wesley estaba muy impresionado por su piedad y su vida de santidad. Fue John Wesley quien ayudó a recuperar el «corazón de la religión» que se necesitaba con tanta urgencia.

---

42 Vinson Synan, *The Holiness Pentecostal Tradition: Charismatic Movements in the Twentieth Century* (Grand Rapids: Eerdmans, 1971), 4.

43 C. T. Winchester, *The Life of John Wesley* (New York: Macmillan, 1906), 55.

No podemos decir que todo lo que creemos o practicamos es resultado directo del pensamiento de Jan Hus, pero indudablemente vemos su influencia en muchas de las prácticas de hoy. Las iglesias evangélicas creen, como Jan Hus, que las Escrituras son inspiradas por Dios y que solo ellas deben usarse para interpretar otras Escrituras, además de ser nuestra suprema guía en asuntos de fe y doctrina. Jan Hus repetidamente le dijo al Concilio de Constanza que si ellos podían mostrarle dónde él había errado en las Escrituras, él estaría dispuesto a retractarse de cualquiera de sus enseñanzas. Jan Hus fue un hombre que no resistía la corrección, una posición que debe ser adoptada por toda persona de fe en nuestros días.

Entonces, vemos que el hilo que dejó Jan Hus es bastante largo cuando damos una mirada retrospectiva a la historia. Muchas características de su pensamiento han sido transmitidas a través de los siglos, con algunos historiadores que han destacado que la mayoría de los reformadores, «aceptaron la doctrina de la inspiración y, por consecuencia, la doctrina de la inerrancia»[44] adoptada por Hus. Este aspecto de la enseñanza de Hus puede verse hoy en la posición la Iglesia respecto a la autoridad de las Escrituras, su autoridad e infalibilidad. Todo esto debido a la fe inquebrantable y la disposición de enfrentar sus temores y anunciar la verdad.

Entonces, ¿qué piensa usted?

Al examinar la vida de Jan Hus, vemos a un hombre de extraordinaria fortaleza. Fortaleza para defender lo que él creía correcto, moral, y eterno. Una fortaleza que no era completamente suya, sino divinamente otorgada. Una fortaleza que creció de su amor por la gente y por la verdad de las Escrituras además de una firme relación con Jesucristo. Una fortaleza que

44 The Assemblies of God, *Where We Stand* (Springfield: Gospel Publishing House, 1989), 9.

se propagó desde uno de los países más pequeños del mundo pero que tocó la vida de millones. En Jan Hus vemos una vez más que Dios no siempre llama a quienes están equipados para la labor, sino que Él equipa a quienes responden a su llamado.

Entonces, ¿qué piensa usted? ¿Fue de provecho que alguien le diera un panfleto al padre de Jan Hus? Algo que para muchos parecía insignificante se convirtió en el eslabón vital que restauró la relación de un niño con Dios; y marcó una trayectoria que todavía impacta a generaciones. El mayor aporte de Jan Hus a la reforma de la Iglesia fue su pensamiento. Su manera de pensar y de interpretar las Escritura cambió la manera de pensar de todo aquel que lo escuchaba predicar. Y como una arteria bombea sangre a todo el cuerpo, todo el pueblo representado en Praga comenzó a llevar el pensamiento de Jan Hus a sus respectivos países, y así se plantaron más semillas de la reforma. Semillas que cayeron a la tierra y murieron para producir la reforma.

¿Fue esto algo que valió la pena para Jan Hus? ¿Vencer sus propios temores y eventualmente sufrir el martirio por causa de su fe? Una fe que se mantuvo firme por la verdad aún ante extrema adversidad. No hay duda alguna de que Jan Hus inspiró a la gente de su país natal y de otros lugares con su disposición a sufrir la muerte por el Evangelio. Incluso Tertuliano, el teólogo de principios del tercer siglo, sabía que la sangre de todos los cristianos a través de los siglos era la cosecha de la Iglesia, y cuando una semilla es plantada, la cosecha de esa semilla se multiplica. Y cuando un mártir muere e inspira a muchos otros, así nosotros hoy somos inspirados por la persecución de quienes han salido antes que nosotros a esparcir la semilla de la verdad del Evangelio de nuestro Señor Jesucristo.

Jan Hus fue un hombre que vivió y murió por la espada de la Palabra de Dios. Una espada tan afilada que divide el alma del espíritu, y separa el trigo de la cizaña (Mateo 13:30). Como Jan Hus sufrió el martirio, es inevitable recordar que el mismo Jesús fue a la muerte como una oveja que va al matadero (Isaías 53:5–7). Por ti y por mí, Él soportó la cruz pero despreció la vergüenza. Nuestra libertad espiritual fue comprada por un alto precio. Es también un precio que muchos desconocen a menos que nosotros les comuniquemos la maravillosa noticia. Recordemos siempre las últimas palabras que Jan Hus cantó, cuando las llamas lentamente consumían su vida: «Cristo, Hijo del Dios viviente, ten misericordia de mí».[45]

Entonces, ¿valió realmente la pena? Yo creo que sí y mi oración es que los siguientes capítulos lo armen de valor para dar pasos de fe que lo muevan a iniciar conversaciones que comiencen a cambiar su mundo. Quiero animarlo y decirle que Dios quiere usarlo como su instrumento. Si usted tiene una buena relación con Dios, contará con todos los recursos necesarios para tomar la iniciativa y marcar una diferencia positiva en la vida de una persona. ¡Usted puede hacerlo! ¡Usted pertenece a la familia del Rey! Deje que el Santo Espíritu de Dios encienda su antorcha de fe, para que usted vaya y cambie el mundo, un alma a la vez.

Ilumina tu mundo[46]

Hay una antorcha en cada alma
Algunas alumbran, otras están apagadas y frías
Hay un Espíritu que trae el fuego
Que enciende una antorcha y la convierte en Su hogar

Toma tu antorcha, corre hacia la oscuridad
Busca a quien no tiene esperanza, está confundido y triste
Levanta tu antorcha para que todos la vean
Toma tu antorcha, ilumina tu mundo

---

45 Bartak, 55.

46 *Go Light Your World* fue escrito por Kathy Troccoli en 1995. Esta composición tiene otros tres versos.

CAPÍTULO 2

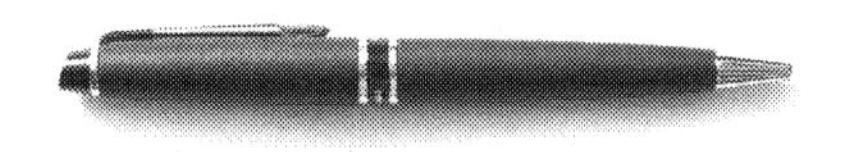

ESCUCHE

Aprender a evangelizar es:

ESCUCHAR el susurro del Espíritu Santo.

Es crucial que usted haga todo lo posible para sentir los suaves toques de Dios a través de la dirección del Espíritu Santo y la lectura de la Biblia. ¡Esto podría ser como escuchar a una persona susurrar en medio de una tormenta porque la vida puede ser muy ajetreada! Sin embargo vale la pena buscar el corazón de nuestro Padre celestial. El maravilloso hombre de oración George Mueller una vez dijo:

> No recuerdo, en toda mi vida de cristiano, un período hoy (en marzo, 1895) de sesenta y nueve años y cuatro meses, que procuré con sinceridad y paciencia conocer la voluntad de Dios por la enseñanza del Espíritu Santo, a través de la mediación de la Palabra de Dios, sin embargo siempre he sido bien dirigido. Pero si faltaron la honradez y la nobleza de corazón, o si no esperé pacientemente en el Señor para recibir instrucción, o si preferí el

consejo de mis congéneres en vez de las declaraciones del Dios vivo, cometí grandes errores.[47]

Por eso, busque un momento y un lugar para leer la Escritura; busque al Señor en oración, y pídale que le dé oportunidades en la que pueda compartir lo que Dios ha hecho en su vida.

Al escuchar en su tiempo de oración o incluso durante el día, prepárese para percibir cuando el Espíritu Santo lo guíe a compartir algún pensamiento con una persona con quien se encuentra o a conversar con alguien en particular. Hay personas que esperan y anhelan que alguien tenga respuestas para los problemas en su vida. Felizmente, Dios todavía usa encuentros divinos si estamos dispuestos a escuchar y obedecer la dirección del Espíritu Santo (Juan 16:13). Al conversar con una persona, recuerde que es importante mostrar interés y escuchar con atención lo que se dice. Esto comunica un buen mensaje: «Me interesa saber cómo usted se siente y lo que usted dice es importante para mí». David Augsburger presentó una gran verdad respecto a esto en el libro de Peter Scazzero, *The Emotionally Healthy Church* [La iglesia emocionalmente saludable] «La sensación de ser escuchado es tan parecida a la de ser amado que para la persona común y corriente, son casi indistinguibles».[48] Por eso es tan importante escuchar al Espíritu Santo y a la persona con quien conversamos. Sin embargo tengo que reconocer que escuchar con atención y al mismo tiempo mantener la sensibilidad al Espíritu Santo puede ser un gran desafío. Pero eso es exactamente lo que experimenté durante un viaje en avión cuando fue necesario un oído atento y la dirección del Espíritu Santo.

---

47 George Mueller, *Answers to Prayer*, recopilado por A.E.C. Brooks, (Chicago, IL: Moody Press, 1984), 2.

48 Peter Scazzero, Warren Bird, *The Emotionally Healthy Church: A Strategy for Discipleship that Actually Changes Lives* (Grand Rapids: Zondervan, 2003), 181.

En mi vuelo de Providence a Chicago, me senté junto a una dama. Ella era una consejera en el área de Chicago que se declaraba budista y que había participado en un retiro para quienes enseñaban técnicas de meditación. Desde el principio supe que esta sería una conversación interesante y que probablemente no celebraría la historia de una victoriosa conversión como las que leemos en los libros de evangelismo. Pero a Sheila le gustaba conversar, así que la escuché y de vez en cuando dije algunas cosas acerca de Dios y cómo Él me había cambiado—el gozo que yo experimento al leer las Escrituras—esas pequeñas cosas que sentí que el Espíritu Santo me guiaba a compartir. Recuerdo que hubo un momento en que le dije cuan gratamente asombrado me sentía de que Dios quisiera mantener una relación con nosotros y tener parte en nuestra vida.

En realidad, no sabía lo que debía decir, e interiormente mi ferviente oración era «¡Dios, si tú quieres que diga algo en particular, necesito que me ayudes porque no sé ni siquiera dónde comenzar con alguien que es tan firmemente budista!». Mientras conversábamos, sentí que el Espíritu Santo me decía que me dejara usar por Dios para mostrarle a Sheila que no todos los cristianos son como ella los percibía. Tal vez el Señor usaría nuestra conversación para ayudar a Sheila a estar más abierta cuando Dios realmente comenzara a tratar con ella acerca de su relación con Él. Tal vez yo era el eslabón uno o dos o tres en la cadena espiritual de quién sabe cuántos eslabones. Esta manera de ver nuestra conversación me liberó de una gran presión, y pude conducirme con naturalidad sin preocuparme por el resultado, eso era asunto de Dios.

Pero me preocupaba que no podría compartir el evangelio mismo con ella y sentí que el Espíritu Santo me guiaba a hacerle una pregunta cuando ya estábamos casi al fin del viaje. (Si he de ser sincero, estaba buscando una oportunidad.) Entonces, le pregunté a Sheila si tenía algún trasfondo espiritual anterior al budismo. (Ella había dicho que su secta del budismo era muy abierta a otras creencias, entre otras cosas.) Me dijo que había crecido como católica y que había estudiado en una escuela secundaria católica. Bromeamos acerca de lo difícil que posiblemente fue, y ambos reconocimos que no fuimos los niños más dóciles en nuestros años de escuela. Me sentí aliviado de que por lo menos CONOCÍA acerca de Jesús por haber estudiado en una escuela católica, pero le dije que había una gran distancia de ser católica a ser budista. Concluimos nuestra conversación en una nota positiva y cada uno siguió su camino una vez que el avión aterrizó.

Necesitaba que el Espíritu Santo me guiara, porque yo no conocía a Sheila ni su experiencia de fe, pero sí sabía que Dios quería que me dejara usar como Él estimara mejor. No se trata de tener todas las respuestas, solo tenemos que estar dispuestos a ser un vaso que le Señor pueda usar. Por eso la fe es tan importante; debemos creer que Dios puede usar cualquier conocimiento que tengamos para guiar a alguien a conocerlo mejor. Un antiguo refrán de la iglesia que demos recordar, dice: «Dios no llama a quien es capaz, Él capacita a quienes llama».

En mi experiencia con Sheila, yo sabía que debía ejercitar mi fe y confiar que el Espíritu Santo me ayudaría a recordar las Escrituras y las preguntas que contribuirían a nuestra conversación. He notado que cuando conversamos con las personas acerca del evangelio, las frases fabricadas y las tácticas de manipulación gritan ineficacia. Como Rebecca Pippert señala:

> Nuestro evangelismo es inefectivo mayormente porque dependemos demasiado de una técnica o estrategia. El evangelismo ha sido relegado al departamento de ventas. Estoy convencida que debemos mirar a Jesús, y la calidad de vida a la que nos llama como modelo de lo que creemos y de cómo llegar a otros.[49]

Para hacerlo necesitaba creer que Dios me ayudaría en mi encuentro divino con Sheila—y eso es fe. Ser un portador de las buenas nuevas, lo que Jesucristo da, requiere de dirección divina, fe e intervención.

---

49 Rebecca Manley Pippert, *Out of the Salt-Shaker & Into The World: evangelism as a way of life* (Downers Grove: InterVarsity, 1979), 13.

Sólo Dios transforma las vidas y nosotros necesitamos que dirija y guíe nuestras conversaciones sobre la fe. En nuestra oración debemos pedir a Dios que nos use para ayudar a otros a desarrollar esa sed de recibir más de lo que tenemos en estos vasos de barro, más del Espíritu Santo. Quiero hablarles de un hombre que supo andar por fe aun en las circunstancias más difíciles, con el fin de obedecer el mandato del Señor de anunciar el evangelio.

Un hombre que supo ejercitar la fe

Hudson Taylor vino a este mundo en 1832, en Barnsley, Inglaterra. Él tuvo un encuentro con el Señor cuando era niño, un sábado en la tarde, mientras leía uno de los libros de su padre. A millas de distancia su madre sintió que debía orar por él, y lo hizo hasta que finalmente sintió paz. Cuando llegó a casa, encontró a su hijo presa de un entusiasmo que difícilmente podía contener porque había encontrado a su Salvador. Hudson no sabía, pero su hermana también había estado orando. Cuando se enteró de ello, Hudson y su hermana se unieron para comenzar a ganar a otros para Cristo. Hudson tenía solo diecisiete años.

Hudson continuó su crecimiento en el Señor y mientras pasaba horas en su presencia, sintió que verdaderamente había un llamado en su vida. Hubo un momento en que él dijo: «Para cual servicio había sido llamado, no lo sabía; no obstante se posesionó de mí una profunda conciencia de que ya no era dueño de mí mismo, y esta nunca se ha borrado».[50] Fue en un momento como ese que él buscó a Dios, la presencia del Señor lo venció; fue como si su petición hubiera sido respondida. Él dijo: «la impresión llegó a mi alma que era China donde el Señor me quería».[51] Hudson inmediatamente comenzó a prepararse con ejercicio, liberándose de lo

---

50 J. Hudson Taylor, *A Retrospect*, 3rd ed. (Toronto, CA:China Inland Mission, 1902), 8.

51 J. Hudson Taylor, *A Retrospect*, 8.

que tenía y disfrutaba, y estudiando chino. Esta última tarea la cumplió con solo una copia del Evangelio de Lucas en chino. Hudson comparaba pequeñas porciones de la Escritura con su equivalente en inglés con el fin de aprender el desafiante idioma de los chinos.

Hudson también llegó a la conclusión de que la oración sería crucial para su éxito. «Pensé: "Cuando vaya a China, no declararé nada a nadie; mi única declaración será sobre Dios. Cuán importante, por lo tanto, es aprender antes de salir de Inglaterra cómo mover al hombre, a través de Dios, solo con la oración".»[52] Qué gran lección para todos nosotros al salir a compartir con otros el maravilloso mensaje de esperanza.

Al continuar sus preparativos, Hudson aprovechó una oportunidad que surgió en la ciudad de Hull de convertirse en auxiliar médico. Pero estaba rodeado de lujos en su nueva posición, así que decidió trasladarse a una cabaña de una habitación en el sector pobre de la ciudad que todos conocían como «Drainside» [el sector del drenaje]. Fue en este lugar que Hudson enfrentó tiempo a solas consigo mismo y un corazón herido, cuando supo que el amor de su vida no lo acompañaría en sus aventuras en China, y que el padre de ella no quería saber del asunto. Y aunque el tentador hizo su mejor esfuerzo, Hudson aprendió que cuanto más se acercaba a su Señor, Él verdaderamente fue la ayuda presente en tiempos de necesidad.

Hudson después se trasladó a Londres y fue aceptado en la escuela de medicina, y mientras estaba ahí, Dios abrió una puerta a China que él no esperaba. Cuando Hudson tenía veintiún años de edad, la Sociedad de Evangelización China le pidió que fuera a Shanghái lo antes posible. La Rebelión Taiping había alcanzado su clímax, y su líder cristiano escribió a un misionero norteamericano en quien confiaba, y le pidió: «trae contigo a muchos maestros para que den a conocer la verdad».[53]

52 Ibid., 14.

53 Howard Taylor, *Hudson Taylor in Early Years: The Growth of A Soul* (New York: Hodder & Stoughton, 1912), 173.

En 1854, Hudson llegó a China después de un peligroso viaje que duró cinco meses. La condiciones que encontró a su llegada estaban muy lejos de ser alentadoras, lo mismo que el penetrante frío y la falta de dinero para comprar el costoso carbón que se podía encontrar. Hudson tuvo que luchar para asegurar una posición en Shanghái, y también en el interior. Pero en los primeros dos años, Hudson Taylor pudo hacer por lo menos diez viajes evangelísticos al interior. Él viajaba en bote durante el día, predicaba en cualquier lugar donde tenía una oportunidad, y después regresaba al bote para estudiar, orar y dormir durante la noche. Hudson incluso adoptó la manera de vestir de los chinos con el fin de tener acceso a las personas. Fue en China donde Hudson conoció a su primera esposa, la señorita Dyer.

En 1860, Hudson Taylor tuvo que regresar a su país por causa de una enfermedad. Fue a Brighton para descansar y recuperarse, cuando el Señor comenzó a llamarlo nuevamente. Dios quería que invitara a otros a unirse a la causa para que fueran a China en su lugar. Con cincuenta dólares, él abrió una cuenta de banco para la Misión en el Interior de la China y comenzó a escribir su publicación: *Las necesidades espirituales y las demandas de la China*. La Misión en el Interior de la China enviaría misioneros creyendo que el Señor los ayudaría para sustentarlos.

El primer viaje con dieciséis adultos y cuatro años casi los envió al fondo del Mar de China cuando tifón tras tifón los azotó durante quince días. Pero su testimonio a la tripulación durante este período ganó la conversión de una gran mayoría. Al principio pudieron residir en el pueblo de Hangchow antes de ir a otros pueblos en el interior. Después de dieciséis meses en Hangchow, Hudson y su familia vivieron en botes durante dos meses mientras navegaban a Nanking pero se detuvieron en la ciudad de Yangchow. Unos folletos anónimos acusaban a los extranjeros de muchas cosas, incluyendo el robo de niños. La casa de ellos fue incendiada y los misioneros tuvieron que dejar el lugar; la mano de Dios fue la que los salvó de morir. Pero fue Dios quien finalmente obtuvo la victoria, y las puertas se abrieron de par en par cuando se les permitió que regresaran a Yangchow.

En el verano de 1870, llegó el momento en que tuvo que separarse de sus hijos. No había escuelas cerca donde ellos pudieran continuar su educación y además el clima y los padecimientos de esta vida se habían vuelto difíciles de soportar. Uno de sus pequeños yacía en una tumba. Su secretaria y amiga de la familia, la señorita Emily Blatchley viajó a Inglaterra con sus tres hijos y su única hija. Aún en el momento de la separación, el hijo menor, quien ya estaba enfermo, dejó este mundo e hizo su entrada a la Tierra Prometida. Posteriormente, la hermana Taylor enfermó y también dejó este mundo en paz y fue recibida por el Padre a los treinta y tres años de edad. Hudson se acercó aun más a Dios en los dolorosos y solitarios meses que siguieron después de que su fe fuera probada.

Quince meses después, él viajó a Londres para regresar nuevamente a China. Su segunda esposa, la señorita Faulding, lo acompañó cuando se propuso reconstruir la obra que ya había comenzado pero que se había deteriorado severamente. Hudson visitó los lugares más difíciles para ayudar a solucionar las dificultades y animar a los nuevos creyentes y los misioneros que trabajaban en esos lugares. Él confesó sus deficiencias en una carta a su madre, en la que escribió: «Ora intensamente por mí. No puede haber alguien más indigno. ¡Y cómo siento mi absoluta incapacidad para llevar a cabo el trabajo de buena manera!».[54] Hudson Taylor conocía el poder de la oración—y lo había experimentado.

Después, a principios de 1875, uno de los documentos que Hudson escribió, donde hace un llamado a la oración por las necesidades de China, fue publicado en el periódico. En este presenta la necesidad de misioneros a China. Los misioneros comenzaron a llegar dirigidos por Dios, y Hudson dio clases de chino desde su lecho ya que había sufrido un trauma en la columna. El Señor guió a estos misioneros al campo, y al llegar, comenzaron a orar por la recuperación de Hudson. Él se recuperó lo

54 Frederick Taylor, *Hudson Taylor and the China Inland Mission: The Growth of A Work of God* (London, China Inland Mission, 1920), 228.

suficiente como para hacer otro viaje a China con otros ocho misioneros para proseguir su jornada de fe.

China comenzó a abrirse como nunca antes y Hudson nuevamente oró por más misioneros. Los siguientes tres años fueron un glorioso tiempo de fe, de respuestas de Dios a las oraciones, y el corazón de las personas por la necesidad en China. No solo recibieron setenta nuevos misioneros entre 1882 y 1184, pero en 1887 presentó una solicitud por otros cien misioneros. Seiscientos hombres y mujeres se presentaron para la misión, de los cuales ciento dos fueron escogidos. La Misión al Interior de China se convirtió de organización interdenominacional en un movimiento internacional. Dios abrió puertas en el mundo para el mensaje de Hudson sobre el pueblo chino. Y aunque el levantamiento de los bóxers de 1900 vio la masacre de centenares de cristianos, después de esto China se abrió aún más a la propagación del Evangelio.

Hudson Taylor emprendió un último viaje a China, y fue ahí que entró a la presencia del Señor el 3 de junio de 1905. Sin dolor ni sufrimiento fue recibido en su hogar eterno. Antes de que esto sucediera, tuvo el privilegio de ver el puesto de alcance en la provincia de Hunan, que había sido su motivo de oración durante los treinta últimos años de su vida. Y hoy la Misión en el Interior de China todavía existe, la conocemos como Overseas Missionary Fellowship [Fraternidad Misionera de Ultramar]; hace mucho tiempo su labor ha llegado más allá de China.

Usted tal vez dice: «Esta bien, pero ¡yo no soy Hudson Taylor!». Sin lugar a dudas, entiendo su sentimiento. Sin embargo, uno de los descubrimientos más inspiradores para mí fue cuando Hudson aprendió a depender de Cristo y no en sus habilidades. Él creía que la santidad práctica se alcanzaba gradualmente por el diligente uso de la gracia. Pero cuanto más se esforzaba, tanto más elusiva le resultaba. El Señor le reveló a Hudson que lo que faltaba era la fe; aunque se esforzaba por la fe, no podía alcanzarla. Entonces el recordó las palabras de su amado amigo, el señor McCarthy. Él le dijo que el fortalecimiento de la fe se alcanzaba «no por esforzarse por la fe, sino por descansar en Aquel que es fiel».[55]

«Descansamos» en Aquel que es fiel cuando nos acercamos a Él en oración. Si todos pudiéramos asimilar esta visión, las limitaciones que nosotros mismos imponemos al evangelismo serían menos cuando se trata de compartir un comentario espiritual positivo con otras personas. Pienso en Elías en el Antiguo Testamento y todos los milagros que hizo. La mayor parte del tiempo, él parecía un hombre sin temor. Cuando leo acerca de él, tiendo a pensar: «Pero Dios, ¡yo no soy Elías!». Pero el Señor nos recuerda a todos que la «oración eficaz» de una persona puede mucho (Santiago 5:16). De hecho, descubrimos un poco más de Elías en Santiago 5:17, cuando el apóstol dice: «Elías era hombre sujeto a pasiones semejantes a las nuestras, y oró fervientemente para que no lloviese, y no llovió sobre la tierra por tres años y seis meses». Dios quiere que tú y yo sepamos que cuando somos dirigidos por el Espíritu Santo de Dios, lo milagroso estará a nuestro alcance. He aquí la importancia de la oración. Nos ayuda a discernir la voz del Espíritu Santo que nos guiará donde nunca soñamos ir.

---

55 Frederick Taylor, *Hudson Taylor and the China Inland Mission*, 175.

SU TAREA:
Escuche al Espíritu Santo

1. Si todavía no lo ha hecho, comience un tiempo de devocional y oración en la mañana. Algunas personas prefieren la tarde. Pero haga lo que le resulte mejor, busque un momento que pueda incluir en su calendario como el tiempo de Dios. No necesita ser muy prolongado, pero tiene que ser consistente para que la oración se convierta en parte de su día.
2. Durante sus tiempos de oración, comience agradeciendo a Dios por lo que ha hecho, después presente sus oraciones y, finalmente, dedique tiempo a escuchar. Escriba aquello que usted siente que el Espíritu le dice, especialmente, en cuanto a compartir el Evangelio.
3. Comience a orar para reconocer en su vida las oportunidades que tenga de compartir con alguna persona. Comience orando por lugares y personas que podría ver o visitar en una semana típica, y pida al Señor que lo use para hablar en esas situaciones.
4. Cuando el Espíritu Santo le dé la señal, escriba lo que sucedió para aprender de su experiencia. Y confíe, el Espíritu Santo todavía muestra lo que espera de nosotros hoy.

CAPÍTULO 3

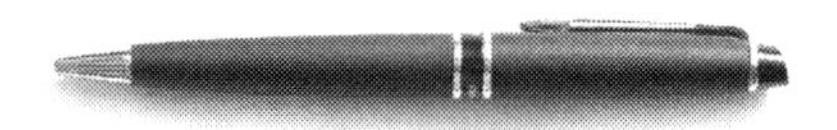

ESCUCHE... Y EXPERIMENTE EL PODER DE LA ORACIÓN

> ...el Espíritu Santo obra en este mundo para dirigirnos y guiarnos en cada aspecto de la vida, para incluir el vital aspecto de la oración.

Ocupaba el asiento 41J, a una altura de treinta y cinco mil pies y a una velocidad de 578 millas por hora, repentinamente sentí que debía orar. No era la clase de urgencia que dice: «sería realmente bueno que oraras» o «necesito comenzar a orar más», sino la clase de urgencia que dice: «¡algo no está bien y debes orar ahora mismo!». Esta fue mi experiencia cuando viajé a China hace varios años atrás. La comprensión de que algo andaba mal era innegable y la necesidad de oración, inminente; ¿pero cuál debía ser el motivo de mi oración? ¿Había un desperfecto en el avión; o tal vez el equipaje no venía en el avión; o lo que podía ser peor, había un secuestrador a bordo de nuestro vuelo? No tenía respuesta para ninguna de estas preguntas pero cuando comencé a buscar la respuesta en Dios, el Espíritu Santo tomó el control y comencé a orar «en el Espíritu». El Espíritu Santo comenzó a dirigirme a orar de una manera que no entendía completamente, pero con una clara convicción de que debía orar hasta que «la carga de urgencia» fuera levantada de mí. Algo faltaba y el Espíritu Santo estaba compartiendo una carga de oración conmigo.

Aunque nunca entendí la trascendencia espiritual de esta insistencia, yo sabía sin duda alguna que Dios me había ordenado que orara, siguiendo la dirección del Espíritu Santo. Sin el Espíritu Santo, no hay vínculo entre Dios y la humanidad, con la excepción del aspecto del Creador y la creación. Sí, somos creados a la imagen de Dios (Génesis 1:27; 9:6) y nosotros somos sus hijos (Romanos 8:16; Gálatas 3:26), pero es solo el Espíritu Santo de Dios, el que permite a las personas verse como tales (Romanos 8:16). Y el Espíritu Santo obra en este mundo para dirigirnos y guiarnos en cada aspecto de nuestra vida, incluyendo el vital aspecto de la oración y el testimonio de nuestra fe a otros en nuestro círculo de influencia y en la vida diaria.

Aunque cada aspecto de la obra del Espíritu Santo es más de lo que podría cubrir en este capítulo, quisiera enfocar mi atención en dos asuntos principales. El primero es la necesidad de que el Espíritu Santo nos ayude a orar, y el segundo asunto es la función misma del Espíritu Santo en la oración. ¿Cómo ayuda Él al creyente y al no creyente respecto a esto, en su búsqueda de comunicación con Dios y con todo el universo? Creo que hoy más que nunca, necesitamos al Espíritu Santo en nuestra vida de oración, para que nos ayude en nuestras conversaciones de fe. En un mundo que está cada vez más sordo al llamado del cristiano, solo la oración ungida por el Espíritu Santo puede marcar la diferencia en nuestra vida, nuestra labor evangelística, y nuestras conversaciones de fe.

¿POR QUÉ NECESITAMOS QUE EL ESPÍRITU ORE?

Decir que el Espíritu Santo es importante en nuestra vida diaria es como decir que necesitamos agua para sobrevivir. De hecho, sin el Espíritu Santo, la salvación misma no sería posible. Aún el apóstol Pablo claramente nos revela «la búsqueda de Dios del ser humano finito, su característica fundamental que Dios le dio»[56] y una característica en que el Espíritu Santo juega un papel crucial. No hay duda alguna de que sin el Espíritu Santo estaríamos para siempre cegados por el pecado en nuestra naturaleza caída. Y como cristianos, podemos empatizar con el apóstol Pablo en que la batalla con el pecado nunca cesa, como lo expresa en el capítulo siete de Romanos. Es este pecado, que ha dejado al hombre «indispuesto de orar como debe, porque también lo ha enceguecido a sus verdaderas necesidades».[57] Por eso con frecuencia oramos con egoísmo, guiados por nuestras emociones, tristemente con el anhelo de satisfacer nuestros deseos, sin una real fe que Dios responde a nuestras peticiones.

Una mirada rápida a nuestra sociedad es suficiente para ver que el pecado nos ha dejado en una situación de crisis de fe, en que la Iglesia aparentemente está dormida. Según el Grupo Barna, en una encuesta del 17 de diciembre, 2001: «por lo menos tres de cada diez adultos que han experimentado el nuevo nacimiento dicen que la cohabitación, la relación homosexual, las fantasías sexuales, transgredir el límite de la velocidad, o mirar películas con contenido sexual explícito son conductas moralmente aceptables».[58] Aunque algunos podrían decir que estos datos son irrelevantes con el tiempo, una estadística más reciente confirma sorprendentes puntos comunes entre quien asiste a una iglesia y quien no lo hace:

> La gente sin iglesia tiende a vivir de una manera más «arriesgada»—están más propensos a usar palabras blasfemas, a embriagarse, ver

---

56 Hans Urs Von Balthasar, "Prayer," *Cummunio: International Catholic Review* (Fall 1985): 246.

57 Robert F. Boyd, "The Work of the Holy Spirit in Prayer: An Exposition of Romans 8:26, 27," *Interpretation: A Journal of Bible and Theology* 8 (January 1954): 39.

58 Barna Research, Ltd., "The Year's Most Intriguing Findings, From Barna Research Studies," [publicación en línea]; disponible en http://www.barna.org; consultado el 26 de marzo, 2002.

> imágenes poco modestas en los medios. Pero sus interacciones sociales—sus conversaciones acerca de la fe y la moral, y la inclinación a participar en conductas como la murmuración, la mentira o la relación sexual fuera del matrimonio—son casi imperceptibles en los creyentes.[59]

Barna nota un que porcentaje significativo de quienes asisten a las reuniones en la iglesia, ni siquiera han aceptado a Jesucristo como Salvador y Señor, principalmente por la falta de convicción y poder en la iglesia de hoy—la convicción y el poder que viene del Espíritu Santo de Dios y una congregación dedicada a la oración.

Lamentablemente, los hechos no se detienen ahí. Incluso entre la comunidad de quienes han «nacido de nuevo», en abril de 1997, el 52% de cristianos nacidos de nuevo negó la «existencia de Satanás» y el 55% rechazó «la existencia del Espíritu Santo».[60] Aunque en 2001 el número de personas que rechaza al Espíritu Santo bajó tres puntos porcentuales a 52%, la Iglesia enfrenta una epidemia, en que la fuente vivificante del Espíritu Santo se está secando lentamente. En un informe de Barna del 13 de abril de 2009, ellos declaran: «En términos generales, 38% está plenamente de acuerdo y 20% parcialmente de acuerdo en que el Espíritu Santo es un "símbolo del poder o la presencia de Dios pero no una entidad viva"».[61] Esta epidemia ha impactado nuestro compromiso de tener conversaciones de fe. «En 1993, nueve de cada diez cristianos estuvo de acuerdo en que "cada cristiano tiene una responsabilidad de compartir su fe" (89%). En

---

59 George Barna y David Kinnaman, *Churchless: Understanding Today's Unchurched and How to Connect with Them* (Carol Stream, IL: Tyndale, 2014), 132.

60 Barna Research, Ltd., "Angels Are In – Devils & Holy Spirit Are Out," [publicación en línea]; disponible en http://www.barna.org; consultado el 26 de marzo, 2002.

61 Barna Research, Ltd., «Most American Christians Do Not Believe that Satan or the Holy Spirit Exist,» [publicación en línea]; disponible en http://www.barna.org; consultado el 3 de marzo, 2019.

2018, sólo dos tercios responde de esta manera (64%)...una caída de 25 puntos».[62] Estas estadísticas revelan que la relación de la mayoría de los cristianos con el Padre celestial, el Espíritu Santo y el Hijo están en una condición de deterioro. Sinceramente, cuando cualquier relación se torna distante, la inclinación es dejar de lado lo que es importante en esa relación—sea espiritual o físico. Y esta distancia solo aumenta cuando no hay oración.

Aun como cristianos, a veces nos dejamos llevar por las apariencias y los avances tecnológicos en vez de dedicar tiempo a nutrir una correcta relación con Dios. El hecho de que todos usamos calendarios, libretas, y teléfonos inteligentes, cada minuto de nuestra vida necesita un horario. Aparentemente hoy «vivimos para hacer en vez de ser».[63] Los medios sociales solo han acentuado la necesidad de hacer. ¿Acaso nos hemos vuelto tan profesionales en la iglesia que ya no recordamos cómo sentarnos ante un Dios santo y amoroso y experimentar su gran amor y perdón, a través de la ración? No lo creo, pero es una lucha dejar tiempo para Dios. ¡Yo mismo me caracterizo por comenzar por lo último! Cuando me levanto en la mañana, lo primero que quiero es mi taza de café y revisar mi correo electrónico, los medios sociales, las últimas noticias, y DESPUÉS leo mi Biblia y converso con Dios. Constantemente tengo que detenerme y pensar que Dios es primero—los eventos más importantes del día y todo lo demás puede esperar. Después de todo, la oración debe ser mi «actividad más importante», ¿verdad?

Constantemente tengo que detenerme y pensar que Dios es primero—los eventos más importantes del día y todo lo demás puede esperar.

62 The Barna Group, *Spiritual Conversations In The Digital Age*, libro digital (2018), 12.

63 Robert L. Brandt y Zenas J. Bicket, *The Spirit Helps Us Pray: A Biblical Theology of Prayer* (Springfield: Logon Press, 1973): 19.

Es una triste realidad que «el pecado daña la voluntad de la persona, y su percepción de las verdades espirituales y sus necesidades están seriamente perjudicadas»,[64] pero ¡que alivio saber que Dios mismo nos ayuda en nuestra oraciones a Él! Tal es el amor de Dios por sus hijos que incluso los ayuda a orar para Él responder a esas oraciones; Él usa esas peticiones como vehículos para aumentar nuestra fe, a través de la guía y la enseñanza del Espíritu Santo. No hay duda de que hay un vínculo espiritual entre el creyente y Aquel a quien él o ella llama «Padre». Debemos proponernos ser vasos de honra para ser usados por el Espíritu. Como lo presenta 1 Corintios 6:20: «Porque habéis sido comprados por precio; glorificad, pues, a Dios en vuestro cuerpo y en vuestro espíritu, los cuales son de Dios».

El sendero del pecado a la salvación es una experiencia que trasforma la vida. Por la obra del Espíritu Santo somos adoptados en la familia de Dios, para ocupar un lugar de filiación (un concepto bíblico que designa posición, no un género), además de coherederos con Cristo. Por lo tanto, tenemos el extraordinario privilegio de venir a Dios como un hijo o hija a un padre, por eso podemos clamar: «Abba Padre» en nuestro tiempo de oración y adoración. Cuán vívido es el cuadro cuando Jesús nos refiere la historia del amor del padre por un hijo, y cuánto más nuestro Padre celestial nos da esas «buenas dádivas» que le pedimos, como en Mateo capítulo siete. Incluso el apóstol Pablo nos dice en 1 Corintios 2:14a: «El hombre natural no percibe las cosas que son del Espíritu de Dios», revelando nuestra desesperada necesidad del Espíritu Santo.

Pablo también revela la interacción que el creyente debe tener con el Espíritu Santo: «La gracia del Señor Jesucristo, el amor de Dios, y la comunión del Espíritu Santo sean con todos vosotros» (2 Corintios 13:14). ¡Debemos tener «comunión» con el Espíritu Santo, la tercera persona de la santísima Trinidad! Es una comunión que permite que el creyente conozca a Dios en una mayor medida y crezca en fortaleza espiritual. Pablo nos

---

64 Robert F. Boyd, 41.

dice en Efesios 3:14,16: «doblo mis rodillas... para que os dé, conforme a las riquezas de su gloria, el ser fortalecidos con poder en el hombre interior por su Espíritu». El Espíritu Santo ha iniciado nuestra comunión con el Padre, el Hijo y el Espíritu Santo a través de su obra de «contrición» en nuestra vida durante el proceso de salvación. Esta es esa tristeza según Dios, que trae a la persona al punto de arrepentimiento de los pecados y a la confesión de Jesucristo como Salvador y Señor.

Pero, ¿por qué algunas personas en la iglesia se sienten incómodas de iniciar una relación íntima con Dios? ¿Será posible que el «espíritu de este siglo» se ha abierto paso a la Iglesia?

El reverendo Ron Auch, un gran amigo que ya está en la presencia del Señor, hablaba de un paralelo entre la relación de un hombre y una mujer en el matrimonio y la relación de Jesús, el Novio, con la Iglesia (los creyentes), que es la «novia de Cristo». Él decía que Jesús «nunca determina el grado de intimidad que tendrá con la iglesia», sino que «la decisión final siempre es prerrogativa de la Iglesia».[65] Y así como la Iglesia puede resistir la intimidad con el Hijo, también la Iglesia puede «apagar» al Espíritu Santo de Dios y rechazar su invitación o dirección. Si esto no fuera posible, ¿por qué entonces Pablo le advierte de esto a la iglesia de Tesalónica, y a nosotros hoy: «no apaguéis al Espíritu» (1 Tesalonicenses 5:19)?

Hay un adversario al cual podemos enfrentar sólo con oración, porque, Pablo nos dice en 2 Corintios 10:3 que, «aunque andamos en la carne, no militamos según la carne». Pablo continúa en el versículo 4: «las armas de nuestra milicia no son carnales, sino poderosas en Dios para la destrucción de fortalezas». Debemos pelear nuestras batallas de la guerra espiritual con el arma de la oración empoderada por el Espíritu y la Palabra de Dios porque «el enemigo de nuestra alma conoce el poder

65 Ron Auch, *Prayer Can Change Your Marriage* (Green Forest: New Leaf, 1984): 43.

de la oración».[66] La oración es una de las claves para desarrollar nuestra inmunidad a las artimañas del diablo y conquistar valioso territorio en el ámbito espiritual. El bien conocido ministro y graduado de la escuela de divinidad de Yale, R.A. Torrey, dijo una vez: «El precio de un avivamiento es la oración sincera e incesante en el Espíritu Santo, la oración que no acepta un no como respuesta».[67] Rees Howells, estaba convencido: «Solo el mismo Espíritu Santo puede dirigir al intercesor al ámbito donde verdaderamente se desata el conflicto básico entre Dios y el enemigo»,[68] y después hace responsable al intercesor—con una carga de orar que es casi palpable—hasta que la lucha espiritual llega a su fin y la carga es levantada.

El Espíritu Santo es vital para el creyente en el área de la guerra espiritual y compartir su fe, porque solo el Espíritu Santo de Dios puede dirigirnos eficazmente en esta batalla a orar por nosotros mismos, las personas que amamos y aquellos que el Señor traerá a nuestra vida. Es solo por la oración y el estudio diligente de la Palabra de Dios que «el Espíritu nos da sabiduría para destruir»[69] toda arma del enemigo. Es solo el Espíritu Santo quien nos mantiene vibrantes y con hambre por las cosas de Dios. Sin el Espíritu Santo caeremos presa de las mentiras del diablo. La oración es el «oxígeno» que mantiene encendida la llama espiritual y que nos ayuda a disipar la oscuridad que se difunde en este mundo. En Marcos 14:38, Jesús nos dice: «el espíritu a la verdad está dispuesto, pero la carne es débil», y nos advierte que oremos constantemente para que no caigamos en las trampas de las tentaciones del diablo.

---

66 Thomas E. Trask y Wayde I. Goodall, *The Battle* (Grand Rapids: Zondervan, 1997): 133.

67 R.A. Torrey, "The Fundamentals: A Testimony to the Truth," Vol 3, *The AGES Digital Library* (Albany: AGES Software, 1997): 191.

68 Doris M. Ruscoe, *The Intercession of Rees Howells* (Cambridge: Lutterworth Press, 1983): 54.

69 Robert L. Brandt and Zenas J. Bicket, 277.

Una última razón que sirve de fundamento para la necesidad del Espíritu Santo en la oración es que debemos adorar a Dios «en espíritu», y es el Espíritu Santo quien nos ha atraído al Padre, y solo el Espíritu Santo conoce la mente de Dios. El apóstol Pablo nos recuerda en 1 Corintios 2:11: «Porque ¿quién de los hombres sabe las cosas del hombre, sino el espíritu del hombre que está en él? Así tampoco nadie conoció las cosas de Dios, sino el Espíritu de Dios». Juan 4:24 establece: «Dios es Espíritu; y los que le adoran, en espíritu y en verdad es necesario que adoren». Ciertamente, hoy necesitamos al Espíritu Santo más que nunca antes, para orar en armonía con la mente de Dios y para escuchar la voz del Espíritu cuando nos guía.

LA FUNCIÓN DEL ESPÍRITU SANTO EN LA ORACIÓN

La función del Espíritu Santo es que dejemos que Él sea el «Espíritu del diálogo»[70] entre la humanidad y el Padre y el Hijo. Como hijos de Dios podemos libremente decidir presentarnos ante Él (Gálatas 5:13), para buscar su voluntad para nuestra vida a través de nuestras oraciones y las peticiones. Romanos 8:15 y Gálatas 4:6 revelan un vínculo espiritual entre el creyente y Dios, provisto por el Espíritu Santo, a través de la confesión por parte de la humanidad. En la iglesia primitiva, «la recepción del Espíritu Santo y el acto del bautismo estaban íntimamente ligados»,[71] y solo después del bautismo los creyentes podían llamar a Dios, «Padre».

Sin embargo debemos estar conscientes de que, cuando somos dirigidos por el Espíritu, pedir de acuerdo a la voluntad de Dios (1 Juan 5:14), puede ser cualquier cosa: desde el juego de béisbol de nuestro hijo o la salvación de los que se pierden. ¿Quiénes somos nosotros para

---

70 Robert F. Boyd, 251.

71 E.A. Obeng, "Abba Father: The Prayer of the Sons of God," *The Expository Times* 99 (Summer 1988): 365.

decir qué es o qué no es la voluntad de Dios? ¿Acaso hemos alcanzado tal crecimiento en nuestro esfuerzo por llegar a la excelencia espiritual que nos sentimos autorizados para juzgar con acierto la corrección de cada oración? No lo creo. Dios verdaderamente usa lo insignificante de este mundo para confundir a los sabios (1 Corintios 1:27) y la inocencia de los niños para poner fin al orgullo de la vida. Busquemos la sensibilidad del Espíritu, para que animemos a aquellos que quieren andar en el Espíritu de un Dios bondadoso y justo.

Otra función del Espíritu Santo es la de guía espiritual. No hay duda de que «la oración es nuestro sendero principal a una relación con Dios»,[72] y el único guía que nos puede dirigir al sendero espiritual correcto es el Espíritu Santo. El apóstol Pablo escribe que hay veces en que el Espíritu Santo ora «en nosotros» y «a veces somos nosotros los que oramos en el Espíritu»,[73] indicando que el Espíritu Santo obra en conjunto con nuestro espíritu. Es el Espíritu Santo quien nos dirige a la confesión, nos guía en nuestras peticiones y nos mueve a interceder por otros, convirtiendo así nuestro cuerpo carnal en templos que cumplen los propósitos de Dios al darnos Sus deseos. Rees Howells comenta acerca de este aspecto del Espíritu Santo cuando nos dice: «yo ni siquiera imaginaba el amor del Espíritu Santo por un alma perdida, hasta que Él amó a alguien a través de mí».[74] Es el Espíritu Santo quien nos guía en oración y nos capacita para orar con determinación y fervor. En realidad, la verdadera seguridad de la función del Espíritu Santo en la oración es «la armonía de nuestra oración con la mente de Dios».[75] Esta armonía es la que nos ayuda a ver las oportunidades de compartir nuestra fe con otros.

---

72 Siang-Tan y Douglas H. Gregg, *Disciplines of the Holy Spirit: How to Connect to the Spirit's Power and Presence* (Grand Rapids: Zondervan, 1997): 66.

73 E.A. Obeng, 365.

74 Siang-Tan y Douglas H. Gregg, 201.

75 H.F. Woodhouse, "Pneumatology and Prayer," *Studia Liturgica* 5 no.1 (Spring 1966): 57.

Otra gran función del Espíritu Santo gira en torno a la intercesión y y nuestra necesidad de ayuda en las luchas de la vida, que podemos ver en Romanos 8:26–27. Leemos que:

> Y de igual manera el Espíritu nos ayuda en nuestra debilidad; pues qué hemos de pedir como conviene, no lo sabemos, pero el Espíritu mismo intercede por nosotros con gemidos indecibles. Mas el que escudriña los corazones sabe cuál es la intención del Espíritu, porque conforme a la voluntad de Dios intercede por los santos.

Pablo revela que el Espíritu nos ayuda «en nuestra debilidad». Nosotros pensamos que sabemos orar, sin embargo, como se nos dice en Santiago 4:3, sentimos una gran inclinación a orar «para satisfacer [nuestras] propias pasiones» (NVI). Pero aquí vemos que el Espíritu Santo intercede con «gemidos» lo que no se puede expresar con meras palabras. Gemidos que solo Dios Padre, Dios Hijo y Dios Espíritu Santo puede entender, porque solo Dios, como dice en Jeremías 17:10, escudriña la mente y prueba el corazón.

En Romanos 8:26, la Nueva Versión Internacional establece que la intercesión del Espíritu por nosotros incluye «gemidos que no pueden expresarse con palabras». Es esta función multifacética del Espíritu Santo en la oración lo que revela su importancia y lo que demanda su presencia. Solo a través de la oración como íntimo vehículo podemos alimentar y fortalecer esta relación con el Espíritu Santo y nuestro Padre celestial. Este era un concepto extraño en el pensamiento judío antiguo según Craig Keener: «el judaísmo generalmente veía al Espíritu como una expresión del poder de Dios en vez de un ser personal; al igual que Juan (capítulos 14–16), Pablo ve al Espíritu como un ser personal (cf. 2 Corintios

13:14)»,[76] confirmando el rol personal que el Espíritu Santo cumple en la vida de cada creyente. Este rol o función es confirmado en Romanos 8:38–39, donde el apóstol Pablo nos enseña que nada «nos podrá separar del amor de Dios, que es en Cristo Jesús Señor nuestro». Este mismo amor que llega a nosotros en la persona del Espíritu Santo es el que nos mueve a compartir la bondad de Dios con otros.

Pablo afirma en Romanos 8:34 que Jesús está a la diestra del Padre «intercediendo» por nosotros, y en Romanos 8:26, vemos que el Espíritu Santo de Dios está intercediendo por nosotros aquí en la tierra. Puede haber momentos en que lo divino interactúa de tal manera con nosotros que nos es difícil distinguir quién está orando: si somos nosotros los que oramos a través del Espíritu Santo, o si es el Espíritu Santo quien ora a través de nosotros. Pero no cabe la menor duda, que sin la dirección del Espíritu Santo estamos discapacitados e impedidos de orar con seguridad de la divina voluntad de Dios. Como 1 Corintios 2:9–10 lo expresa, Dios ha revelado sus propósitos al creyente «por su Espíritu», y este es el Espíritu de Dios el que «todo lo escudriña, aun lo profundo de Dios». Cuando decimos que el Espíritu Santo «escudriña» las cosas de Dios, debemos también entender que «escudriñar no sugiere que haya falta de algo, sino mas bien lo contrario—totalidad de conocimiento, acción y entrada».[77]

Es interesante notar que la palabra griega *sunantilambanetai* (sí, pronunciarla es tan difícil como escribirla) que encontramos en Romanos 8:26 es una forma de la palabra *sunantilambanomai* y que se traduce como el «espíritu nos ayuda». Esta misma forma verbal se encuentra en otras cuatro instancias en las Escrituras, siendo la primera en Éxodo 18:22, donde el suegro de Moisés habla de la necesidad de tener «jueces» que «te aligerará la carga» (NVI). En Números 11:17, vemos que Dios está

---

76 Craig S. Keener, *The IVP Bible Background Commentary*, 2nd ed. (Downers Grove, IL:2014), 441.

77 Paul A. Hamar, *The Book of First Corinthians* (Springfield: Gospel Publishing House, 1980): 27.

preparando para comisionar a los setenta ancianos, y le dice a Moisés que ellos «llevarán contigo la carga del pueblo». Salmo 89:21 revela que Dios mismo «fortalecerá» a su siervo David, y en Lucas 10:40 vemos la frustración de Marta con su hermana María, quien escogió sentarse a los pies de Jesús mientras Marta trabajaba en la cocina. En cada instancia, vemos que esta palabra se usa para en el sentido de llevar o sustentar, lo que expresa la seguridad de que la intercesión del Espíritu Santo nos ayuda. No es tan importante definir si el Espíritu Santo nos fortalece o si lleva nuestras cargas; lo importante es que no estamos solos en la batalla.

También es interesante ver que se destaca la función de la intercesión, en Romanos 8:26, con la palabra griega *huperentugchanei*, que es una forma de la palabra *huperentugchano* (otro desafío para la pronunciación). Esta palabra, con el prefijo *huper*, se usa solamente aquí, y en el versículo a continuación se usa sin el prefijo. En casi cada instancia en que una palabra está compuesta de esta manera, «las palabra llevan consigo la idea de "por sobre toda medida" o "en un mayor grado"»,[78] implicando que el Espíritu Santo ora e intercede en nosotros y a través de nosotros, por encima de nuestras propias habilidades. Esto confirma que en realidad hay solo un «maestro» de intercesión, y este es el Espíritu Santo.

Pero hay otro ámbito de actividad en relación con los creyentes, y este es el de orar en el espíritu, según Judas 20: «Pero vosotros, amados, edificándoos sobre vuestra santísima fe, orando en el Espíritu Santo.» Además, vemos en Hechos 2:4 que «orar en lenguas es posible por la capacitación del Espíritu Santo».[79] La oración en el Espíritu es con toda seguridad aquel clamor que emerge de lo profundo del creyente—del templo del Espíritu Santo. Pablo nos aconseja: «oren en el Espíritu en todo momento, con peticiones y ruegos», en Efesios 6:18, y verdaderamente es solo «en el Espíritu» que la oración genuina puede entrar al ámbito espiritual de esta vida física. La oración debe ser inspirada por el Espíritu.

---

78 Robert F. Boyd, 38.

79 Robert L. Brandt y Zenas J. Bicket, 28.

Solo el Espíritu Santo nos guía al arrepentimiento, nos revela nuestras necesidades inminentes y nos dirige a la intercesión—todo sucede mientras ora a través de nosotros, sea en nuestro lenguaje celestial de oración o en lenguas—llamado glosolalia—o nuestra propia lengua nativa.

Una última función del Espíritu Santo es la de maestro e iluminador. Et interesante que el Espíritu de Dios nunca se presenta como atrayendo la atención a sí mismo. Él ha sido enviado para glorificar a Dios y para «dar testimonio» de Jesucristo (Juan 15:26), como su testigo, y quien nos enseña todas las cosas (Juan 14:26). El Espíritu Santo revelará todo aquello que oyere (Juan 16:13–15), no nos guiará a un mayor conocimiento de sí mismo, sino a un mayor conocimiento de Jesucristo. Cuando hablamos con otros acerca de nuestra experiencia de fe, es esta función de iluminación la que podría guiarnos a hacer ciertas preguntas o a referir ciertos detalles de nuestro testimonio o alguna experiencia personal que hemos tenido. Pudiera ser que a nuestro pensamiento venga un cierto pasaje de las Escrituras que el Señor quiere que mencionemos, y que podría abrir sorprendentes puertas para una conversación de fe.

Es el Espíritu de Dios quien inspiró la escritura de su Palabra (2 Timoteo 3:16), y es el mismo Espíritu quien preserva la Escritura y quien abre nuestros ojos a la Palabra de Dios, y quien vivifica la Escritura en nuestra vida. Fue el Espíritu de Dios quien hizo que Jeremías declarara que la Palabra de Dios era «como un fuego ardiente metido en [sus] huesos» mientras oraba a Dios (Jeremías 20:9). Y es el Espíritu de Dios, a través de la oración, quien reaviva las Escrituras, grabadas en nuestro corazón, que nos da la fortaleza para la batalla, la compasión por el que sufre y un amor incesante por aquellos que nadie ama. «No es porque nosotros oremos, sino porque Él ora en nosotros»;[80] y este mismo Espíritu, no solo nos da fe para creer para salvación, sino que también desde el principio ha hablado a su pueblo a través de siervos que Dios mismo ha escogido.

80 S.G. Hall, «The Prayer of the Church. What We Ask and How We Ask It,» *The Expository Times* 96 (December 1984): 73.

RESUMEN

El gran intercesor Rees Howells afirma que tener al Espíritu Santo es como vivir en una dimensión completamente nueva, que nos ayuda a desarrollar una mente como la de Cristo, según Romanos 12:2. Solo a través del Espíritu Santo podemos declarar y compartir nuestra fe en Dios (1 Corintios 12:4), mientras oramos con toda confianza. Es este acto de oración, que es la «invocación de Dios», lo que nos permite entrar a un lugar de comunión con Dios. La oración nos libera de los pensamientos y los obstáculos de este mundo, con el fin de que disfrutemos el exuberante amor, la paz y la comunión de Dios. Es la vida de oración del creyente, lo que mantiene la vital conexión espiritual con Dios, entonces la falta de oración refleja a un creyente debilitado, como consecuencia a una Iglesia y un mundo en esa condición de inanición.

El Espíritu Santo obra activamente en nuestra vida de oración, ayudándonos a cultivar una mayor intimidad con Dios y proveer un medio de alimentación espiritual que nos faculte para ser testigos de Cristo. Uno de los aspectos más importantes de la salvación es tener una relación con un Dios vivo que cuida de nosotros; no es posible cultivar una relación sin dedicar tiempo a esa relación. Cuando alguien contrae matrimonio, no es solo porque un día pensó que era buena idea hacer la pregunta. Con toda seguridad, hubo un período de cortejo, donde ambas personas tuvieron oportunidad de compartir pensamientos y sueños, para conocerse. Dios tiene un deseo similar de conocer a su Iglesia, y tiende su mano a cada uno de sus hijos.

Hoy cuando escuchamos las oraciones en alta voz de quienes nos rodean, recordemos que «la oración no es solo una charla con Dios, sino una conversación entre amigos».[81] Esta conversación debe incluir también un significativo tiempo de escuchar. Es el Espíritu de Dios el que nos

81 Georges Chantraine, «Prayer Within the Church,» *Communio: International Catholic Review* 12 (Fall 1985): 262.

ayuda en esta travesía con nuestro Padre celestial, una travesía que nos lleva a una mayor intimidad con Dios y una intimidad que nos ayuda a conocer el corazón de Dios, a través de la oración. La palabra intimidad ha sido contaminada y explotada por el mundo, y se ha convertido en una palabra que los creyentes se avergüenzan de usar. Pero mi oración es que cada cristiano de hoy considere la intimidad espiritual como la meta por excelencia en cada oración, alcanzable solo a través de la dirección del Espíritu Santo de Dios.

CAPÍTULO 4

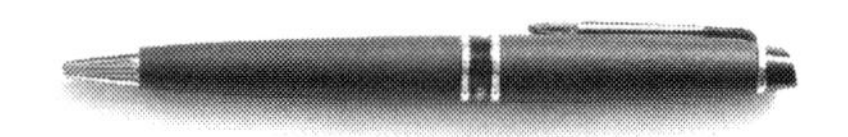

COMPROMÉTASE

Aprender a evangelizar es:

COMPROMISO – Usted debe comprometerse a incluir a otra persona en la conversación.

A menudo las personas tropiezan con el compromiso porque la cultura de hoy nos enseña a respetar la privacidad de otras personas y a aceptar la tolerancia. Además, muchos cristianos se inclinan más a una personalidad introvertida, por eso el compromiso en una conversación con otros es todo un desafío. Rebecca Pippert compartió una verdad eterna en su libro *Out of the Saltshaker and into the World* [Fuera del salero y para llegar al mundo]: «Una personalidad extrovertida no es lo esencial para el evangelismo—la obediencia y el amor si lo son».[82] Tal vez usted es una persona que se comunica mejor de manera escrita con cartas o tarjetas, o enviando enlaces a artículos o publicaciones en blogs de temas que son interesantes para usted. No importa cuál sea su método preferido, Dios puede usarlo para hablar a otros.

Sin embargo, no hay mejor medio de comunicación que realmente hablar con alguien. Para los cristianos que son extrovertidos, esta es una

82 Rebecca Manley Pippert, 123.

oportunidad emocionante porque ¡no hay persona desconocida para ellos! Pida a Dios en oración que le dé su paz y el valor para dar un paso al frente en obediencia a su Palabra (Marcos 16:15). Pruebe de iniciar conversaciones con las personas acerca del clima, de aspectos de su trabajo o expresar un sincero agradecimiento por un buen servicio. Esto puede iniciar conversaciones que lo pueden guiar a una conversación acerca del gran regalo de Dios. En la siguientes páginas presentaré algunas oportunidades como sugerencia que podrían ayudarlo a iniciar conversaciones con las personas.

Evangelismo sencillo

Durante un viaje con mi familia a la costa este de los Estados Unidos, tuve un interesante encuentro evangelístico. Para empezar, no soy un evangelista que profiere mandatos bíblicos y condenaciones. Y aunque me gusta predicar y compartir las verdades de las Escrituras, siento un gozo especial cuando tengo oportunidad de compartir mi fe persona a persona en un evangelismo relacional. Disfruto la oportunidad de familiarizarme con la gente y escuchar lo que están enfrentando en la vida. Entonces, cuando el Señor me da señales que podrían describirse como intuición mas que una voz audible que resuena desde las sombras, digo una u otra palabra. Tal vez una pregunta para ponderar; no necesariamente una pregunta espiritual, sino una pregunta que le permita a la persona describir cómo cree que será su camino en particular un poco más adelante.

Un caso puntual sucedió en nuestro vuelo a Newport News, Virginia. Ocupé el asiento que daba al pasillo y mi familia quedó ubicada en los asientos del lado opuesto. El asiento junto a mi estaba desocupado. Cuando nos acomodábamos para iniciar la última etapa de nuestro viaje desde Atlanta a Newport News, Sherry[83] fue una de los últimos pasajeros

83 El nombre ha sido cambiado.

en abordar el avión. Como el vuelo estaba completamente lleno, ella tuvo que sentarse a mi lado. Sherry era bastante conversadora y trabajaba en una agencia de seguros, así que de esa manera comenzó la conversación. Como no le gustaba viajar en avión y estaba muy nerviosa, fue ella quien conversó la mayor parte del tiempo. Dijo que era un tanto irónico que no le gustara viajar en avión porque con su reciente promoción tendría que volar con frecuencia. Ella nunca se había casado y dijo que su deseo era un día encontrar a alguien con quien pasar su vida.

Sherry llevó la conversación a temas de la vida misma y habló de que acababa de comprar su primer Lexus nuevo. A mi me encanta el tema de los motores, así que ese fue el tema que ayudó a profundizar el diálogo. Ella iba a visitar a su mamá en Carolina del Norte, y cuando supo que yo era un ministro, dijo: «Yo sabía que había una buena vibración espiritual en usted». Disfruté el halago ya que estos no siempre suceden, pero nos permitió conversar acerca de asuntos espirituales conforme la conversación progresó. Yo principalmente hice preguntas y ella era la que hablaba.

Sherry hablaba como si hubiera estado en una iglesia toda su vida, pero cuando comenzamos a hablar de la participación en la comunidad y de ayudar a otros menos favorecidos, ella confesó que ya no asistía a la iglesia con la misma frecuencia que en el pasado. Me contó que en el pasado había participado en la distribución de alimentos para los necesitados, pero cuando finalmente compró una casa y se trasladó, la oportunidad de continuar esa parte de su vida quedó al otro lado de la ciudad como algo poco factible.

Cuando hablamos de dar a la comunidad y de cuánto Sherry tenía para compartir, la animé a buscar una iglesia que satisficiera sus necesidades. Sugerí que tal vez necesitaba una iglesia más pequeña y orientada a la familia. Ella confesó que extrañaba ser parte de una congregación local y además dijo que necesitaba volver a la iglesia y acercarse más a Dios. La animé a pensar en cuánto Dios la amaba y que quería mostrarle ese amor. Le dije que una comunidad de fe saludable recibe a las personas y les da oportunidades de expresarse y de sentir la presencia de Dios en una atmósfera de seguridad.

Todo es tiempo no había iniciado una conversación acerca de temas espirituales o Dios. La conversación llegó espontáneamente a ese punto, y oré que el Señor me ayudara a animar a Sherry y que me diera las palabras exactas que debía decir y las preguntas que necesitaba hacer.

Cuando hablamos acerca del matrimonio y las relaciones, Sherry dijo que estaba en una relación con un hombre que tenía dos niños de un matrimonio anterior. También me dijo que había crecido bajo el cuidado de sólo su mamá porque su padre las había abandonado cuando ella era pequeña. Pude decirle que cuando las personas inician una relación, está tenderá a convertirse en algo físico. Cuando la relación se convierte en algo físico, se forma un lazo más profundo,y a veces confundimos el sentimiento como la plenitud de algo más que falta en nuestra vida. Comenté cuán difícil es evitar que la relación se vuelva física cuando estamos conociendo a una persona, pero que cuando se vuelve física, a menudo dejamos que el sentimiento temporal aplaque nuestra necesidad más profunda.

Fue una excelente conversación, y sentí que Dios me había permitido tener esta conversación con Sherry para animarla, y no solo a ella, sino a mí mismo. Incluso hablar acerca del aspecto físico de la relación fue una iniciativa dirigida por Dios, ¡porque no es el tipo de tema que iniciaría con alguien que no conozco!

Hablé de todas estas cosas como un ejemplo de que el solo hecho de «cerrar el trato» no constituye un protocolo de evangelismo apropiado. Todo cristiano debe continuamente proponerse ser un cristiano y esto significa que debemos hablar con otras personas. Como creyentes en Cristo debemos buscar vías para ayudar a otros, o de alguna manera dar a conocer nuestro «cristianismo». ¿Cuán cristiano es usted? ¿Ora a Dios por esas oportunidades? ¿Busca usted esas oportunidades? Dios nos dará esas oportunidades si se las pedimos—y estamos atentos.

Tuve ante mí otra oportunidad de evangelismo cuando nos registrábamos en nuestro hotel. Generalmente tengo conmigo algunos folletos evangelísticos. No son tratados acerca del evangelio, sino pequeños panfletos que cuestan un $1 cada uno o menos—si los compro en cantidad puedo conseguir un descuento. No los reparto todos de una vez, pero procuro tener uno o dos a la mano cuando viajo, o un par de ellos en mi vehículo en caso de que se presente una oportunidad especial.

El folleto que tenía conmigo esa vez era Descubre cómo escoger tu senda de fe [*Discover How To Choose Your Faith Path*, disponible en inglés] por Mark Mittelberg. Puse un billete de cinco dólares dentro del folleto y lo dejé sobre el vestidor. La costumbre es dar una propina al personal del hotel que limpia la habitación, y especialmente después de unos días, así que traté de cumplir dos tareas al mismo tiempo. Tal vez usted piense: «¿Pero que sucede si la persona decide tirarlo a la basura?». Bueno, siempre oro y le pido a Dios que bendiga el material y a la persona que lo reciba. No soy responsable de las decisiones de otra persona, pero puedo aumentar las oportunidades que una persona tiene de un encuentro con el evangelio.

Por mucho tiempo he creído que Dios es suficientemente grande para dar pruebas de sí mismo si le damos una oportunidad. También pienso que Jesús puede hablar con más fuerza y claridad que yo, si la persona tiene la oportunidad de leer las Escrituras. Obviamente, como ministro, valoro los ministerios de predicación de la Palabra y los diversos ministerios que tienen como meta mostrar la gracia y el amor de Dios. Sin embargo, yo sé que no puedo obligar a las personas a que crean en Jesucristo: solo puedo presentar estas verdades de una manera que anime a quien me escucha a ver a Jesús de una manera personal y privada.

Las personas quieren descubrir por sí mimas las respuestas a preguntas importantes. Cuando les damos lugar para que busquen las repuestas de la vida, dejamos que Dios obre con más eficacia en la vida de quienes emprenden está búsqueda. Con mucha frecuencia imponemos nuestras preferencias culturales y nuestras normas sociales en quienes tienen una cultural parecida o completamente diferente a la nuestra. Aunque procesamos la información de manera similar, pero a menudo el proceso de tomar una decisión puede fluctuar entre muy individualista a uno orientado a la familia. En un contexto asiático, las decisiones se toman como unidad familiar no es algo extraño ver que una familia completa decide seguir a Cristo. Por esta razón, es crucial que demos oportunidades de que exploren y tengan la experiencia de conocer a Jesús de Nazaret.

Dejando todo esto de lado, pagar menos de un dólar por un folleto que potencialmente alguien podría echar a la basura parece un precio muy pequeño a cambio de la posibilidad de marcar una diferencia eterna en la vida de una persona. Esta es también una gran manera de que la persona que no se siente cómoda con la modalidad de evangelismo de testimonio personal, evangelice de una manera que también no sea menos significativa para quien tome el folleto cristiano y lo lea. ¿Cuántas historias hemos escuchado de personas que han tomado una Biblia de los Gedeones en una habitación de hotel y han encontrado a Cristo? Cada Gedeón y cada persona que contribuyó financieramente para la impresión de esas Biblias en los hoteles participarán en la celebración por ese nuevo creyente, sea aquí en la tierra o cuando lleguemos finalmente a nuestro hogar celestial.

También me gusta llevar libros devocionales conmigo en todo tiempo, como el devocional de 40 días de Max Lucado, titulado «Confía más y teme menos» [*Trust More Fear Less,* disponible en inglés]. Cuando el Espíritu Santo me muestra, comparto estos recursos con amigos o las personas que conozco. Les doy una copia y les digo algo como: «Esto me hizo pensar en ti y creo que lo vas a disfrutar». Al hacerlo de esta manera, respeto la privacidad de las personas y las preferencias espirituales, no obstante les muestro cuánto me interesa el bienestar de ellos al darles un pequeño regalo escrito por un autor conocido y que pueden revisar cuando tengan tiempo. No es algo que parece tan espiritual y el título es atractivo.

A veces me gusta hacer algunas obras de bondad que pueden ser de bendición para personas que normalmente nos prestan servicio, como la desprevenida esposa del pastor que recibió una agradable sorpresa una tarde. Mi familia quiso ir a una heladería. Cuando llegamos, notamos que había un grupo de personas que entraban a un salón aparte. Una de la damas que era parte del grupo estaba detrás de nosotros, mientras ordenábamos nuestros helados. Cruzamos algunas palabras amables con ella, y cuando llegamos donde el cajero, le dije a quien nos atendió que quería pagar el helado de la dama que estaba detrás de nosotros. Cuando ella escuchó, dijo: «¿En serio? ¿No tiene por qué hacer tal cosa?». Le dije que simplemente queríamos mostrar el amor de Dios de maneras prácticas. Después de que pagué, la dama me preguntó quien era yo, y ella se presentó como la esposa de un pastor que yo conocía. De hecho, su esposo era el pastor de una de las iglesias más grandes de la ciudad. Ella expresó su agradecimiento por el helado y lo consideró un gesto amable después de una semana muy difícil. Cuando nos sentamos para disfrutar nuestros helados, el pastor se nos unió y también nos dio las gracias.

Así como los inconversos, los creyentes también necesitan el evangelio, las buenas nuevas, que es lo que sucede cuando el evangelismo está en acción. ¡Entonces, evangelice! Pida a Dios oportunidades que armonicen con su personalidad y su nivel de comodidad (o el nivel de comodidad que Él sabe que usted puede manejar), y después comience a esparcir cuánta semilla pueda. Le sorprenderá los inesperados encuentros divinos que Dios le proveerá para compartir las buenas nuevas y animar a otros.

Evangelismo en el lugar de trabajo

Si usted es propietario de una empresa, y especialmente si entre sus desafíos que debe enfrentar a diario hay un negocio minorista con el que tiene que luchar todos los días, el evangelismo puede ser tan sencillo como tener a la mano uno o dos buenos folletos evangelísticos para los clientes que atienda. Procure no llenar su mostrador con tratados baratos que enfocan el mensaje mayormente en el infierno en vez del cielo. La meta es que el lector no se sienta agredido sino animado cuando visiten su negocio. Si no lo hace, seguramente recordarán la experiencia, pero por una mala razón.

Evangelismo no significa que metafóricamente obligaremos a la gente a tragar la Biblia o que pondremos un billete falso de un millón de dólares como propina sobre una mesa. De hecho, si a usted le gusta repartir tratados y dejarlos en la mesa del restaurante donde cena, le ruego que también deje una generosa propina (20% o más). Deje una propina de acuerdo al área donde se encuentra; el punto es que esta sea una bendición. Si su sustento dependiera de las propinas de los clientes, ¿se sentiría agradecido si recibiera un billete falso en vez de propina? ¡Lo dudo!

Todos valoramos los materiales de buena calidad. Sea que operemos un taller de soldadura o una tienda de modas, los panfletos evangelísticos pequeños permiten que los clientes rápidamente los «revisen» mientras esperan su turno para pagar. Poner sobre el mostrador una pequeña cantidad de estos libritos permitirá que las personas tomen unos pocos de ellos gratis (sí, deben ser gratis) sin ser demasiado llamativos. Los dueños de empresa, especialmente en el negocio de los libros obviamente tendrán un enfoque levemente diferente, porque el gran volumen de tráfico podría llevarlos a la quiebra si cada cliente tomara un folleto evangelístico como «Imagina tu vida sin temor» [*Imagine Your Life Without Fear,* disponible en inglés] por Max Lucado o «Tu senda de fe» [*Your Faith Path,* disponible en inglés] por Mark Mittelberg, por nombrar algunos de los que conozco.

El objeto es escoger algo con lo que usted esté de acuerdo y que usted haya leído antes de presentarlo a las personas. Folletos de calidad como los que mencioné antes pueden estar al alcance de las personas en la consulta del dentista o del médico (si usted es el dueño de esa consulta particular), en el mostrador de un negocio (repito, si usted es el dueño de ese negocio), o en otros y diversos lugares. Usted podría incluso poner un quiosco junto a la entrada o en otro lugar estratégico de su negocio para poner los folletos.

Hasta este punto, usted no ha encarado a nadie con una presentación del cristianismo, del infierno o del cielo, la crucifixión, ni siquiera el testimonio de como usted mismo fue radicalmente «salvo» (palabra que no entienden la mayoría de quienes no tienen un trasfondo de iglesia). Usted simplemente tiene su empresa y «atiende su negocio». Usted provee oportunidades seguras (nadie está mirando) a personas que no tienen iglesia, o quienes han salido de la iglesia, para explorar la fe cristiana y el efecto que esta puede tener en su vida. Se les da la oportunidad de tomar del mostrador, o de otro lugar estratégico, una copia de material evangelístico. ¡Felicitaciones! Usted está participando en la obra evangelística ¡y no ha dicho palabra alguna!

Algunos creyentes que conozco mantienen un libro de devocionales sobre el escritorio, en un lugar donde no interfiera con el trabajo. Si hablamos de no interferir con el trabajo, respete el tiempo que le debe a su empleador. Con esto, quiero decir que los cristianos debemos ser ejemplo de nuestra ética de trabajo, lo apropiado es dar respuestas cortas a las preguntas relacionadas con asuntos de fe. Cuando usted pone a la vista de las personas un recurso relacionado con su fe, espere que las personas le hagan preguntas. ¡Las respuestas cortas son un gran recurso, considerando que usted está ocupado! Sin embargo, si usted nota que hay interés por una conversación más prolongada, fije un momento que no interfiera con su responsabilidad de trabajo. Un cristiano representa a Cristo en cada aspecto de su vida, también en su lugar de empleo.

Aprender a bailar

En mis primeros años como estudiante universitario, la furia era bailar al estilo country. Por haber pasado la mayor del tiempo en el campo en mis años de crecimiento no tuve muchas oportunidades de ir a bailes o cosas similares ya que siempre había mucho trabajo que completar. Pero los bailes a los que pude ir parecían centrarse más en moverse un poco; no había una gran preocupación por el estilo en la pista de baile. ¡Cuanto menos atención uno atrajera, tanto mejor!

Este no era el caso cuando estaba en la universidad. El baile al estilo country requería un conocimiento de diferentes estilos y pasos de baile, algunos de ellos: el paso doble, la polca, y los movimientos del baile en línea como los 10 pasos, Schottische o Cotton-Eyed Joe. Recuerdo mi aprensión la primera vez que salí a la pista de baile con alguien con quien quería bailar. Primero, le pedí a algunos amigos que me enseñaran a bailar con algunos de los pasos más sencillos. Después, cuando me familiaricé con la técnica, mi nivel de confianza también aumentó. Realmente me gustaba bailar cuando era joven, así que el baile era una buena manera de divertirnos para mí y mis amigos. En esos días no tenía una relación tan cercana con el Señor, y estoy consciente de que las personas tienen diversas opiniones respecto al baile, pero le pido que tenga paciencia mientras trato de explicar algunas verdades relevantes que podrían ayudarlo en sus conversaciones de fe.

En cualquier actividad donde es necesario trabajar con otra persona (como un compañero o compañera de baile), con toda seguridad nos encontraremos con diversas disposiciones, de agradable a desagradable, cuando nos desplazamos en la pista de baile de la vida. He perdido la cuenta de todas las veces que cometí errores—di el paso equivocado o pisé el pie de la persona que danzaba conmigo, ¡ay! Pero hice lo posible para ser amable y pedir perdón cuando me equivocaba, cosa que la mayoría aceptaba de buena manera.

Tal vez ustedes se preguntan por qué estoy hablando acerca del baile. Bien, creo que las experiencia de baile nos enseñan algunas grandes lecciones acerca del evangelismo y nuestra vida de fe. Cuando comenzamos nuestro debut como bailarines, generalmente los movimientos son mecánicos y torpes. Los movimientos son los correctos, pero generalmente sin sentimiento porque estamos procurando concentrarnos. ¿Alguna vez ha tratado de enhebrar una aguja? Se necesita concentración, además de una buena vista. Pero después de que uno ha bailado por años, esto se convierte en algo natural y fluye como la fresca brisa en el verano, ni siquiera tenemos que pensar en lo que estamos hacemos.

Lo mismo podemos decir acerca de la primera vez en que nos atamos los zapatos, o la primera vez que lavamos nuestra ropa. La primera vez que cambiamos el pañal a nuestro bebé, asistimos a la vaca a dar a luz a su ternero, viajamos en el tren subterráneo, cocinamos un pavo, horneamos galletas o conducimos nuestro vehículo en una ciudad grande. Cuando hacemos algo por la primera vez siempre habrá una cierta medida de ansiedad, y cuando hay otra persona en la experiencia, habrá una cierta incertidumbre de cómo esa persona responderá. Lo mismo podemos decir cuando compartimos algo tan personal como nuestra fe. Es tan personal que el rechazo puede ser muy doloroso. Pero, pudiera ser que la evidencia de nuestra incomodidad abra la puerta a la receptividad de la persona a quien Dios nos ha mostrado que alcancemos.

A través de los años, he tenido la oportunidad de leer algunos libros maravillosos que comentan cómo presentar la fe; estos me han ayudado a darme cuenta del gran valor de las palabras de ánimo. Pero también he leído a algunos autores que condenan o critican a las personas por lo que no han hecho. Creo que las Escrituras enseñan con claridad (Mateo 28:19) que tenemos un mandato de Dios de compartir nuestra fe con aquellos que no conocen a Jesucristo. Algunas personas, obviamente, tienen un don especial para esto, como dice Luis Palau: «El evangelismo es un asunto de obediencia. Todo cristiano ha sido llamado a testificar. Pero hay algunos entre nosotros que tienen el don del evangelismo. La diferencia principal es que el evangelista tiene un impulso especial a ganar almas, un deseo especial de hacer algo más que solo testificar durante el curso de su vida diaria».[84] Pero también creo que hay un cierto aprendizaje para compartir nuestra fe y que generalmente necesitamos más palabras de ánimo que de crítica. Un sistema de apoyo entre los creyentes, la familia y los amigos puede ser una gran ayuda cuando nos proponemos movernos en obediencia a los mandatos de Dios. ¡Anímese! ¡Usted nació para esto! ¿Cómo yo sé esto? Porque usted es un hijo o una hija de Dios, y Dios no se equivoca.

El valor de las palabras de aliento fue evidente en mi propia vida cuando participé en un campamento básico militar de verano (no la escuela de comandos; esto fue solo un segmento de un entrenamiento básico). El desafío era que trepáramos una escalera de 7.5 metros, después caminar 7.5 metros sobre un tablón de 30 centímetros de ancho a otra escalera de 4.5 metros para tomar una soga a la que nos aferrábamos para no caer al agua desde 12 metros de altura. Lo interesante acerca de este obstáculo es que el tablón de 30 cm de ancho tenía un gran bloque de madera a unos tres cuartos del camino y teníamos que pasar sobre él para llegar al final.

---

84 Luis Palau y Timothy Robnett, *Telling the Story: Evangelism for the Next Generation* (Ventura, CA: Regal, 2006). 130.

Usted tal vez está pensando: «¡No está mal!». Pero, la cuerda de la cual nos podíamos afirmar en la primera parte del tablón ¡repentinamente desaparecía! No había nada a lo cual asirse cuando cruzábamos la sección final del tablón de madera hasta llegar a la sección donde estaba el bloque de madera. Además, yo notaba que cada vez que alguien se soltaba de la cuerda y caía al agua, ¡la estructura de todo el obstáculo se mecía! Así que, uno tenía que escoger el momento preciso para soltar la cuerda y caminar por el tablón. Cuando nuestros amigos recorrían el obstáculo uno por uno, nadie hizo comentarios negativos, como: «Ya basta, para que te esfuerzas tanto. ¡No vas a poder llegar!». Sino que al contrario. Durante el entrenamiento, nuestra unidad se convirtió en un grupo muy unido y nos animamos unos a otros mientras estuvimos en ese entrenamiento. Todos vitoreábamos a nuestros compañeros hasta que llegaban a la meta.

¿Me permite decirle algo? Dios y todos sus santos lo están vitoreando. El apóstol Pablo escribió profundas palabras de consejo y ánimo a la iglesia de Filipos en Filipenses 3:13–14.

> *Hermanos, yo mismo no pretendo haberlo ya alcanzado; pero una cosa hago: olvidando ciertamente lo que queda atrás, y extendiéndome a lo que está delante, prosigo a la meta, al premio del supremo llamamiento de Dios en Cristo Jesús.*

Hay un premio para cada seguidor y cada seguidora de Jesucristo, y esta es una de las razones de que clavamos nuestras ansiedades a la Cruz y hablamos esa oportuna palabra en el momento indicado (Proverbios 15:23). Animar a una persona respecto a su experiencia de fe puede ser un estímulo muy especial para quien está luchando y listo para dejar todo. Quiero animarlo hoy. Aunque sienta que no es muy bueno para compartir con las personas, dé un paso de fe y comience a bailar como si no hubiera un mañana.

SU TAREA:
Reflexión, intercambio y aplicación

1. Si usted es parte de un grupo, comente un temor que usted quisiera que el Señor lo ayude a vencer y pida que los demás lo ayuden a orar. Cuando esté solo, escriba su petición en su diario de oración y busque al Señor para que le dé la victoria sobre el temor.
2. Pida al Señor que le dé oportunidades específicas de compartir la esperanza que está en usted o que Dios le ha dado esta semana.
3. Ore por personas específicas con las que usted se encuentra con frecuencia en el trabajo, en la tienda, en el banco, en la escuela o en cualquier otra persona en la que pueda pensar o lugares que el Señor ponga en su corazón.
4. Haga una lista de dos o tres buenos folletos que usted pudiera poner en un lugar visible en la tienda, si usted es propietario de un negocio, o un panfleto o devocional hermoso para mantener en su escritorio en su lugar de empleo. Estos pequeños recursos que están a la vista de las personas pueden ser lo que comiencen conversaciones fructíferas.
5. Cuando usted está en su trabajo (o en cualquier otro lugar), cultive el hábito de orar por sus alimentos antes de comer. Las personas comenzarán a observarlo y la manera en que usted vive.
6. Por último, comience un diario de oración si es que todavía no tiene uno, y mantenga un registro de la respuesta de Dios a sus oraciones evangelísticas. ¡Se sorprenderá del resultado!
7. Comente con su grupo acerca de buenos folletos evangelísticos que cada uno conozca e indague dónde puede obtenerlos. Escoja unos dos o tres ejemplares que ofrezcan una buena presentación de la fe y que armonicen con su personalidad y ¡prepárese para la aventura de compartir su fe!

CAPÍTULO 5

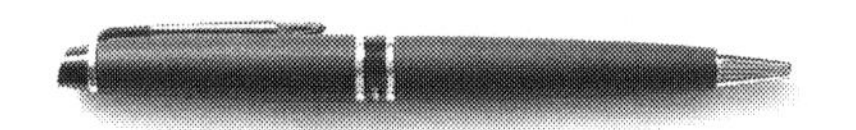

COMPROMÉTASE... A TRAVÉS DEL EVANGELISMO RELACIONAL

Después de sembrar el último grano de maíz en mi último campo, no pude contener un gran suspiro de alivio. Esa había sido una difícil temporada de siembra. Cuando comencé mi largo viaje a casa, sentí las primeras gotas de una suave lluvia que comenzaba a caer, habría suficiente humedad para que las semillas que había plantado germinaran y crecieran. Una bendición perfecta y oportuna. Yo me había esforzado para preparar el terreno, pero ahora tenía que esperar la acción de la naturaleza antes de salir a cosechar el fruto. Eso significaba que tendría que esperar otros seis meses antes de que esa semilla que había plantado se convirtiera en el maíz que podría cosechar y llevar al mercado. Ni siquiera me imaginaba que el Señor me estaba preparando para dedicar mi vida a cosechar una semilla de otra naturaleza.

> ...el evangelismo relacional tiene algunas realidades que debemos considerar si queremos obtener el mejor provecho de las oportunidades divinas.

Cinco realidades acerca del evangelismo relacional

Aunque mi experiencia como agricultor fue años atrás, los principios, o realidades, para una cosecha todavía son los mismos: preparar, plantar, cultivar, cosechar e invertir para la siguiente cosecha. El evangelismo relacional requiere de principios muy parecidos y yo quiero hablar de cinco de ellos, que le serán útiles cuando usted practique su propio evangelismo personal. Estas cinco realidades o principios son: preparar, plantar, cultivar, cosechar e invertir. ¿Le parece familiar? ¡Espero que sí! Vamos a explorar cómo estos cinco principios del evangelismo relacional lo pueden ayudar y se sorprenderá que en cierta medida usted ya los está usando. ¿Pero qué es el evangelismo relacional, y cómo podemos practicarlo? En las siguientes páginas, quisiera que usted se una a mí mientras presento algunas sugerencias y experiencias en el evangelismo relacional. Esto tal vez lo ayude a ver que sí cometemos errores pero que no es lo peor que nos puede ocurrir. Yo mismo todavía cometo muchos errores y me ayuda a ver que el evangelismo relacional puede ser tan gratificante como lo es el tiempo de la cosecha. Así que, póngase zapatos cómodos y demos un paseo por los campos listos para la cosecha, sea en una comunidad rural de familias muy cercanas o en la jungla de concreto en el corazón de la ciudad o en un sector en crecimiento en la Norteamérica suburbana.

Preparar – Usted necesita establecer relaciones

A muchos de nosotros nos gusta establecer y enriquecer relaciones en el lugar donde trabajamos, donde nos divertimos, y donde realizamos nuestras actividades diarias. Sea alguien que conocemos de cerca o sea una persona a quien reconocemos y saludamos en la tienda, todos nos relacionamos con alguien. Si usted tuviera que escoger a una persona con quien compartir el evangelio, probablemente sería alguien con quien usted ha desarrollado un cierto nivel de relación. A través de los años, le he preguntado a mis alumnos de evangelismo cuántos de ellos prefieren el evangelismo puerta a puerta, cara a cara. ¡En todos los años como maestro sólo dos de mis alumnos han levantado la mano! Todos los demás han dicho que prefieren presentar el evangelio en una manera más relacional y personal con alguien a quien conocen.

Tal vez usted se pregunta cómo puede establecer relaciones para el evangelismo relacional. ¿Mi respuesta? La misma manera en que usted ha cultivado las amistades que tiene en este momento. A través de los años usted ha conocido personas en la escuela y en otros entornos y con quienes hoy tiene una maravillosa relación. Las buenas relaciones requieren de tiempo, compromiso e intención, ¡como también lo requiere el evangelismo relacional! Este tipo de evangelismo requiere de una búsqueda intencionada de una relación de confianza porque es posible que usted vea a esas personas una o dos veces a la semana, incluso si son sus vecinos. Eso significa que usted debe trabajar con intención para que cada encuentro fortalezca esa relación. El fortalecimiento de esa clase de relaciones demanda determinación.

No obstante, si alguien no cruza la línea de la fe y no pide a Jesucristo que sea el líder y el Señor de su vida como resultado de esta relación, todavía debemos considerar a esta persona como un amigo o amiga. No debemos cultivar relaciones de confianza para usar a las personas para nuestros fines; pensemos, ¿cómo nos sentiríamos si alguien hiciera tal cosa con nosotros? Debemos considerar lo siguiente: *Las relaciones amistosas de confianza que cultivamos nos proveen una oportunidad de hablar a la vida de las personas y son una oportunidad de que esas personas vean la obra de Dios en nuestra vida.* Como dijo Steve Sjogren: «El truco de entregar el correo de Dios a la dirección espiritual de una persona no es realmente ningún truco; se trata principalmente de interesarnos lo suficiente como para tratar a las personas con la amabilidad y el respeto que quisiéramos para nosotros mismos».[85] Procure que sea Dios, nos sus motivaciones egoístas,

85 Steve Sjogren, Dave Ping, & Doug Pollock, *Irresistible Evangelism: Natural Ways to Open Others to Jesus* (Loveland, CO: Group Publishing, 2004), 70.

quien lo dirija en su intención de establecer una relación de confianza, y tenga paciencia. El tiempo es un gran factor en la influencia que podemos tener en nuestras amistades. Eso es lo que me sucedió con un amigo con quien mantuve una amistad por más de treinta años. Esto es lo que quiero comentar a continuación.

Estaba en Orlando, Florida trabajando en una conferencia cuando noté en mi teléfono celular que un antiguo amigo, Tim,[86] me había llamado. Había estado ocupado durante el día así que decidí llamarlo más tarde, cuando llegara al hotel. Tim es una de esas obras en las que Dios ha trabajado con dedicación y paciencia pero que un día serán un gran testimonio de lo que Él puede hacer. Tim y yo habíamos sido amigos desde la escuela secundaria, donde lo ayudé con álgebra para que pudiera aprobar un examen que le permitiría seguir jugando fútbol americano. Yo era una de las pocas personas que podía conversar con Tim y calmarlo cuando se enojaba; y nunca era algo bueno cuando Tim se enojaba.

Con el paso de los años Tim me llamaba ocasionalmente, a veces esperaba más de un año para llamar; una vez incluso lo visité en Arizona. Éramos amigos, aunque a la distancia, pero Tim sabía que podía llamarme cuando estaba en una situación difícil, o cuando estaba en un mal momento—como cuando su hermano se suicidó o cuando enfrentó un divorcio. Tim sabía que al hablar conmigo podía hacerlo con toda franqueza, que no me importaba si usaba algunas vulgaridades al hablar. Rick Richardson lo expresa de muy buena manera: «El modelo de conversaciones con amigos espirituales se deleita en la relación misma y se regocija en cada diálogo espiritual».[87] Siempre valoré cada oportunidad que tenía de conversar con Tim de lo que Dios había hecho en mi vida y de esa manera dejaba en manos de Dios la presión de saber si Tim había decidido seguir a Cristo. Eso es lo hermoso del evangelismo relacional—

86 Todos los nombres han sido cambiados.

87 Rick Richardson, *Reimagining Evangelism: Inviting Friends On A Spiritual Journey* (Downers Grove: InterVarsity, 2006), 27.

nos concentramos en establecer una relación nueva y firme y dejamos que Dios obre de manera natural y nos dé oportunidades de compartir la fe.

Finalmente llamé a Tim. Me alegró saber que estaba bien, y por mi parte le conté acerca de la conferencia en que estaba participando. Tim sabe que ahora soy un ministro, y yo siempre valoro mis conversaciones con él para fortalecer nuestra amistad y con la esperanza de que Dios me dé la oportunidad de testificar de mi fe. Esta vez no fue la excepción. Tim había hecho una buena amistad con Rick Husband, el ex comandante del transbordador de la NASA, que murió junto con su tripulación cuando la nave Columbia se quemó al reingresar. La fe de Rick había sido un poderoso testimonio para Tim, así que la conversación acerca de este accidente siempre parecía abrir la puerta a preguntas sobre la Biblia. Esa noche fue un tanto diferente porque Tim me preguntó si yo «realmente hablaba en lenguas». Pude conversar con él acerca de la relación cercana que Dios quiere tener con nosotros, y que hablar en lenguas es la manera en que el creyente ora de una manera que él (o ella) mismo no entiende pero que el Espíritu mismo lo mueve a este nivel de comunicación con Dios. Le expliqué que muchos abusan de este don del Señor, pero que es una enseñanza adoptaba por las iglesias pentecostales y carismáticas. Este don tiene como fin exaltar al Señor, no a la persona, y nos ayuda a cultivar una mayor intimidad con Dios.

Después, Tim dijo que le gustaría sentarse conmigo un día a conversar acerca de la Biblia, además me pidió que le recomendara qué podía leer. Le recomendé algunas porciones como el Salmo 91 y 1 Juan 1:9, y algunas otras; le dije que me podía llamar en cualquier momento porque siempre tendría tiempo para conversar con él (contrario a lo que escribí antes acerca de estar demasiado ocupado). Usé alguna terminología sencilla, como dejar que Dios nos perdone y dejar que Jesús sea el líder de nuestra vida—porque una vida dirigida por Dios siempre es mucho mejor que cuando tratamos de dirigirla nosotros mismos. Le dije a Tim que Dios lo amaba y que se interesaba en todo lo que él hacía, y que siempre escuchaba lo que quería conversar con Él. Le expliqué que podemos conversar con

Él tal como lo hacemos con un amigo y que Él siempre quiere lo mejor para nosotros. Conversamos un poco más antes de despedirnos.

Unos pocos años después, tuve la más grata sorpresa de mi vida una noche mientras cenaba. Cuando el teléfono sonó, todos pensamos que era un vendedor. Pero para mi sorpresa, era una llamada de Tim. Lo saludé muy contento y le pregunté que cómo estaba. Tim dijo: «Te llamé porque querías que supieras que ya "¡estoy adentro!"». «¿Que ya estás qué?» le respondí. Y nuevamente Tim dijo: «Ya estoy adentro»; y me explicó que había cruzado la línea de la fe. No puedo explicar cuán feliz me sentí—saber que después de tantos años podía tener la seguridad de que un día vería a mi amigo en el cielo. Yo había sido solo un eslabón en la larga cadena de personas que habían testificado a Tim acerca de Cristo—todo porque había practicado el evangelismo relacional. Siempre quise establecer una amistad de confianza que me diera oportunidades de hablar a la vida de Tim cada vez que Dios concertara esos encuentros divinos. Yo era amigo de Tim sencillamente porque quería ser su amigo, no por lo que pudiera obtener de él: sólo otra decisión de salvación. Dios usó nuestra amistad para preparar a Tim y a mí para el tiempo de la cosecha.

Plantar – Cualquier persona puede hacer absolutamente nada

Podemos extraer una segunda realidad o principio de la exhortación de la Palabra en Mateo 28:19 (NVI): «Por tanto, vayan y hagan discípulos de todas las naciones, bautizándolos en el nombre del Padre y del Hijo y del Espíritu Santo». Este versículo revela la necesidad de acción porque nos dice que tenemos que «ir», «hacer» y «bautizar», destacando la importancia de nuestras acciones. Como discipuladores, notaremos que «quienes somos comunica de manera mucho más elocuente que cualquier cosa que digamos o hagamos»,[88] revelando el valor de seguir el ejemplo de la vida de Cristo al practicar el evangelismo relacional. Poner nuestras palabras en acción será un gran mensaje para aquellos que practican el evangelismo relacional, porque para muchas personas la «comunicación sin palabras tiende a expresar el verdadero significado».[89] Debemos estar conscientes de que hay personas que observan y escuchan la manera en que vivimos, no solo la manera en que conversamos con otras personas. ¡Podríamos estar plantando semillas en la vida de una persona sin siquiera conversar con ella! Si hemos de ser sinceros, la mayoría de nosotros hemos escuchado una conversación que no era la nuestra. Lo mismo es cierto cuando Dios prepara un encuentro para que compartamos el Evangelio con una persona.

También debemos dejar de criticar nuestros esfuerzos evangelísticos. Si somos sinceros con nosotros mismos, no siempre nuestra labor en el evangelismo es la mejor. Y lamentablemente, a veces lo que hacemos es extremadamente malo. Por ejemplo, el vuelo que tomé hacia Chicago cuando me senté junto a una dama muy agradable. Mientra lee esta historia, procure concentrarse en los errores que cometí (no le costará mucho) y los éxitos que me deben hacer sentir bien después de mi experiencia de evangelismo en el avión.

Cuando subí al avión en mi regreso a casa, tuve la dicha de que se me asignara el asiento «1B». Después de ubicarme y guardar el maletín de mi computadora en el compartimento superior, me senté con mi computador y un libro a la mano con la esperanza de avanzar con mi trabajo mientras durara el viaje. Me pregunté si tendría compañía durante el viaje o si tendría los dos asientos para mí; no tuve que esperar mucho tiempo, porque pronto una simpática señorita me hizo señas de que ocuparía el

---

88 Stephen R. Covey, *The Seven Habits of Highly Effective People* (New York: Simon & Schuster, 1989), 22.

89 Julia A. Gorman, *Community That Is Christian*, 2nd ed (Grand Rapids, MI: Baker Books, 2002), 151.

asiento junto a mí. De inmediato los pensamientos de cómo iniciaría una conversación espiritual comenzaron a llenar mi mente. Después de todo, acababa de terminar de leer un libro sobre apologética y evangelismo. Pensé que disfrutaría la oportunidad de ver si las nuevas ideas que había leído me ayudarían en esta situación. Lamentablemente, la joven muy pronto comenzó a revisar sus revistas seculares, e incluso cuando le hice mis preguntas interesantes, por lo menos yo pensaba que lo eran, la conversación quedó en nada. Aunque la joven era amable, era obvio que no se interesó en mis intentos de mantener una conversación con ella.

Su receptividad era la típica de muchos profesionales jóvenes. Ella no me conocía y lo único que quería era llegar a casa. En un cierto momento, después de saber que vivía en Chicago, le dije que hace poco había estado en Wheaton, esperando que esto fuera el inicio de una conversación espiritual. Pero fue solo una esperanza, así que le pregunté en que parte de Chicago y si le gustaba la ciudad. Ya en ese momento, quise ser amable y no forzar una conversación espiritual. Después de nuestra conversación superficial la azafata trajo refrescos, y yo me dispuse a avanzar en mi trabajo. Quise tipear unas notas en mi computadora y cuando me acomodaba, derramé hielo de mi vaso. Entonces, no solo fui testigo del fracaso de una conversación, sino que había derramado un poco de hielo en los pies de mi nueva amiga, no tan amistosa en ese momento. Menos mal que llevaba puestas zapatillas de tenis, y al parecer el hielo había caído en el piso. Cuando llegábamos al aeropuerto, y para mi vergüenza,mi compañera de viaje descubrió que el pedazo de hielo había caído en su bolso que estaba abierto.

Si alguna vez he experimentado el viejo cliché «por si fuera poco» este fue el momento. Me sentí empequeñecido y me faltaban las palabras para pedir perdón; le ofrecí pedir servilletas a la azafata, si era necesario. La joven no dio importancia a la enormidad de la situación y simplemente dijo: «no es gran cosa», lo que obviamente no me hizo sentir mejor. Me sentí muy mal con mis sinceros esfuerzos de mostrar un trato cortés en el avión, y para qué decir, ahora cualquier oportunidad de evangelismo se había arruinado completamente.

La razón de que comento este incidente es que nosotros los cristianos tenemos la tendencia a ver el evangelismo en términos de éxito o fracaso. Éxito, cuando la presentación del Evangelio termina con una oración de salvación, y fracaso con cualquier cosa menos. Con este encuentro, tuve que orar fervientemente para poder ver el valor de esa situación para la obra de Dios. Pero Él usa nuestras acciones con tanta facilidad como usa nuestras palabras basadas en las Escrituras, en la razón o en la preocupación. Un cliché común establece que «nuestras acciones hablan con más fuerzas que nuestras palabras» y yo estoy plenamente de acuerdo, especialmente porque las personas que no conocen a Cristo con frecuencia tienen ideas preconcebidas o estereotipos acerca de la manera en que los cristianos piensan, actúan y sienten.

Después de mi desastroso viaje en avión, me di cuenta de que Dios pudo usar unos cuantos momentos de nuestra conversación. Cuando mencioné que había estado en Wheaton, ella podría haber notado que era cristiano. Cualquier persona que vive en Chicago conoce la Escuela Wheaton y la reputación que tiene en la comunidad, y al principio de la conversación, esta joven rápidamente respondió que sabía donde estaba la escuela. Pero tal vez, yo solo necesitaba comportarme como un cristiano en este punto de su búsqueda espiritual. Es posible que le mostré que no todos los cristianos tienen una personalidad áspera o tratan de imponer conversaciones espirituales en las personas, y que los cristianos pueden ser sensibles, solidarios y comprensivos. Dios es suficientemente grande como para usar las cosas que no digo para hablar clara y elocuentemente a quienes no están familiarizados con la Iglesia de hoy.

Finalmente, Dios nos ha llamado a esparcir semillas de fe, esperanza y su amor. Él hará todo lo que sea necesario si dejamos que nos use. Comprender el Evangelio obviamente ayuda al cristiano a compartir su fe cuando se presentan las oportunidades; sin embargo, a veces es más poderoso aún saber cuando no compartir con palabras, sino mostrar el amor de Dios con las acciones. Los cristianos, y especialmente los cristianos pentecostales, creen que han recibido el poder sobrenatural de Dios para anunciar el Evangelio. Este mismo

Evangelio debe ser anunciado con nuestras palabras y demostrado con las acciones diarias, y no debe verse como difícil.

En Juan 1:7, Juan el Bautista vino «a testificar acerca de la luz». En el idioma griego original, la palabra *testificar* implica decir algo bueno sobre alguien. Los cristianos hacen esto al dar «testimonio» de lo que Dios ha hecho en su vida. Hablar bien de lo que Dios ha hecho en su vida puede ser positivo, ¿y qué cristiano no tiene algo bueno que decir sobre lo que Cristo ha hecho en su vida? Todo cristiano puede «hacer» evangelismo fácilmente si está dispuesto a compartir algo bueno que Dios ha hecho en su vida cada vez que Dios le da una oportunidad, es así de sencillo. Del mismo modo, vivir cada día los valores cristianos habla en voz alta a quienes nos rodean, y comunican un poderoso testimonio de lo que Dios ha hecho en nuestra vida. El Evangelio cambia nuestras aspiraciones, nuestras acciones y a nosotros mismos.

Cultivar relaciones cada vez que surja una oportunidad

Cultivar relaciones es el tercer principio o realidad en el evangelismo relacional. Esto puede plantear desafíos especiales hoy en día, ya que muchas personas más jóvenes describen el cristianismo como «hipócrita, crítico, demasiado político y disociado de la realidad».[90] El intento de establecer relaciones de confianza con personas cínicas que han sido heridas por la Iglesia requerirá del amor de Jesucristo y mucha paciencia. Con el tiempo, su actitud sin prejuicios y su deseo de escuchar y ayudar, como amigo, eventualmente eliminarán las barreras para conversaciones más significativas. A veces, sus acciones afectarán a otras personas que no tienen una iglesia, pero sus acciones también pueden afectar a las personas que ya sirven en su iglesia local

---

90 David Kinnaman con Aly Hawkins, *You Lost Me: Why Young Christians Are Leaving Church…and Rethinking Faith* (Grand Rapids, MI: BakerBooks, 2011), 20.

El evangelismo relacional no debe dirigirse solamente a las personas sin iglesia. Muchos en la iglesia anhelan el toque compasivo y amoroso de Dios, y a veces, para mi asombro, Él usa a los mismos cristianos para hacer precisamente eso. Dios nos ha llamado a esparcir la semilla, y cuando se dispersa la semilla del Evangelio, alguna caerá en lugares rocosos, entre las espinas y otra en lugares poco favorables. Incluso cuando la semilla cae en buen suelo, las plantas sanas necesitan alimento, que se las cultive y se elimine la mala hierba que crece y ahoga las plantas en crecimiento. Este es un principio que descubrí hace mucho tiempo.

Cuando tenía unos trece años, mi papá me dio quince acres de maíz para cuidarlos como míos. Estaba muy emocionado con la oportunidad de ganar dinero y tener algo que fuera mío. El terreno ya estaba preparado y sembrado, así que todo lo que hice fue cuidarlo cuando el maíz comenzó a crecer. Para ayudarlo a comprender el tamaño de esta empresa, pensemos que los ingenieros usan un cálculo promedio de una manzana de cien mil pies cuadrados que son aproximadamente dos acres y medio, o sea que mis quince acres equivalían a seis manzanas de terreno. Los fanáticos del fútbol saben que un campo de juego mide 300 pies de largo por 160 pies de ancho, lo que equivale a aproximadamente 1.1 acres. Después de la escuela y los fines de semana, comencé la ardua tarea de labrar todo el campo de maíz—poco menos de 14 campos de fútbol— ¡pero nunca soñé que trabajar la tierra demandaba tanto tiempo! Ese campo de maíz parecía enorme, y pensé que nunca terminaría de labrar ese campo. Cuando había completado cerca de dos tercios del campo, mi papá me enseñó una valiosa lección. ¡Él permitió que dejara de remover la tierra!

Inicialmente, pensé que ese verano había recibido el mejor regalo. Sin embargo, descubrí que la mala hierba pronto creció sin control donde dejé de cultivar y de usar el azadón. Al final de la temporada, mi precioso maíz que no cuidé estaba atrofiado y no dio fruto como las plantas que cuidé. Cuando vi esas plantas de maíz atrofiadas me convencí aún más de que incluso los mejores cultivos, y también los cristianos, necesitan un poco de azadón de vez en cuando.

Cosechar requiere de tiempo

La espera es la cuarta y más dura realidad del evangelismo, pero debe recordar que Dios no le pidió «ganar» almas. Solo pidió que plantara semillas. Steve Sjogren y el autor de escritos acerca de evangelismo, George G. Hunter III, estiman que, «como promedio, se necesitan entre doce y veinte "toques del evangelio" significativos para que la persona avance desde el primer peldaño de la escala a una relación genuina con Cristo».[91] ¡Así que no se torture! ¿Acaso Pablo no dijo: «No nos cansemos, pues, de hacer el bien; porque a su tiempo segaremos, si no desmayamos» (Gálatas 6: 9)?». El apóstol Pablo alentó a los gálatas cuando se enfrentaban a personas que estaban sumidas en el pecado y necesitaban corrección, pero esta verdad se aplica a todos los aspectos de nuestra vida, incluido el evangelismo relacional. El evangelismo relacional es construir relaciones confiables, porque es necesario conquistar el derecho de hablar a la vida de alguien en un nivel espiritual profundo. Este es el nivel de las creencias esenciales para la mayoría de las personas y dejar que alguien se aproxime puede ser aterrador. Entonces, establecer amistades de por vida abre la puerta para que presentemos el evangelio a muchos de nuestros amigos que hemos conocido por años, como es el caso de mi amigo Bob, quien había vivido una vida difícil.

Hace poco Bob me llamó de manera inesperada y me dejó un mensaje. Dijo que necesitaba hablar y me pidió que lo llamara cuando tuviera oportunidad. Su voz sonaba seria, así que oré antes de llamar ya que no sabía qué esperar. Lo que sí sabía es que Bob había vivido como si el dinero nunca se terminaría, pero inesperadamente, eso fue exactamente lo que sucedió. Cuando su madre murió, toda su herencia fue a otras personas, no a su hijo. Solo eso sorprendería a cualquiera, pero aparentemente esto inició un viaje que cruzaría nuestros caminos.

---

91 Sjogren, Ping, & Pollock, 53.

Cuando llamé a Bob, intercambiamos las bromas habituales y nos pusimos al día con todo lo que había sucedido desde la escuela secundaria. Sorprendentemente, Bob dijo que aunque se había divorciado dos veces y vivía un estilo de vida bastante disoluto, sentía que nunca había perdido la fe. Charlamos brevemente sobre lo que eso significaba, y durante el curso de nuestra conversación, Bob expresó que sentía que algo «faltaba» en él. Realmente no sabía cómo explicar con palabras lo que estaba sintiendo, así que conversamos un rato sobre su «fe» y cómo veía la religión. Durante esta conversación, Bob dijo que nunca se había centrado realmente en el Jesús del Nuevo Testamento, porque sentía que si Dios era el «jefe», entonces debería ir a Él.

Cuando Bob confesó: «Realmente nunca he pensado mucho en Jesucristo», me di cuenta de que Jesús era exactamente quien le había faltado toda su vida. Le presenté pasajes de las Escrituras que pensé que podrían ayudar a Bob en su comprensión de Cristo y el papel que juega en nuestra relación personal con Dios. Pero incluso mientras compartía el Evangelio, percibí una lucha en el otro extremo de la línea telefónica. Esto parecía algo nuevo para Bob y podía decir que necesitaba tiempo para explorar y ver cómo Jesús encajaba en su mundo. No presioné a Bob a decir una oración de dedicación o a confesar sus pecados ahí mismo por teléfono, pero sí le pregunté si quería que orara con él para pedir a Jesucristo que asumiera el papel de líder y Señor de su vida.

Oramos juntos y después le dije a Bob que había sido un privilegio haber orado con él. Respondió que estaba agradecido y que «en realidad, esta es una de las mejores oraciones que he tenido». Esto solo confirmó que Bob tenía el conocimiento de Dios y su Hijo, Jesucristo, pero no tenía el conocimiento del corazón, o la fe necesaria para dejar que Jesucristo tuviera el señorío en su vida. Animé a Bob que comenzara a asistir a una iglesia local que conocía en su área, y le di algunos pasajes en el Nuevo Testamento para que leyera mientras exploraba las Escrituras que hablan de Jesucristo. Lo animé a que me llamara si tenía alguna pregunta y nos despedimos.

Algunas convicciones acerca de la conversión

Al recordar esa experiencia con Bob, me doy cuenta de que otros cristianos podrían ver este intercambio como un éxito del Evangelio. Se presentó el Evangelio y hubo oración de salvación (en su mayor parte). Pero yo veo este tipo de citas divinas de manera diferente. Bob se encontraba en un punto de su travesía espiritual donde necesitaba respuestas y las buscó en personas de confianza. No sentí que se produjera una conversión real, pero pude presentar ideas sinceras y motivadoras de lo que podría ser el eslabón espiritualmente perdido en la vida de Bob. Mencioné verdades que Dios usaría mucho después de que Bob y yo terminamos nuestra conversación.

Debo confesar mi convicción de que Dios Padre, Dios Hijo y Dios Espíritu Santo es el único «ganador de almas» en las Escrituras. Juan 3:16 dice: «Porque de tal manera amó Dios al mundo, que ha dado a su Hijo unigénito, para que todo aquel que en él cree, no se pierda, mas tenga vida eterna». Jesús dijo en Juan 3:5: «De cierto, de cierto te digo, que el que no naciere de agua y del Espíritu, no puede entrar en el reino de Dios». Tito 3:5 declara: «nos salvó, … por su misericordia, por el lavamiento de la regeneración y por la renovación en el Espíritu Santo», y el apóstol Pablo dice en Romanos. 8:11: «Y, si el Espíritu de aquel que levantó a Jesús de entre los muertos vive en ustedes, el mismo que levantó a Cristo de entre los muertos también dará vida a sus cuerpos mortales por medio de su Espíritu, que vive en ustedes» (NVI). Todo esto revela que la humanidad no puede por sí misma regenerar a nadie. Dios ha reservado esa obra para sí mismo y para su Espíritu Santo. Por lo tanto, podemos declarar con el apóstol Pablo en 2 Corintios 5:17: «De modo que si alguno está en Cristo, nueva criatura es; las cosas viejas pasaron; he aquí todas son hechas nuevas». Pablo incluso declaró en 1 Corintios 3:6: «Yo planté, Apolos regó; pero el crecimiento lo ha dado Dios». En verdad, Dios sigue siendo el único «ganador de almas» en el proceso de conversión.

Aprecio la comparación entre el matrimonio y la conversión que hizo Steve Sjogren: «Cuando entendemos correctamente el evangelismo, reconocemos que es un milagro y un misterio la manera en que cualquiera de nosotros llega al conocimiento de Cristo».[92] Cuán cierto es que algo tan serio y transformador, como invitar a Jesucristo a su vida, no debe considerarse tan trivial que baste una presentación de quince o veinte minutos para tomar una decisión tan importante. Obviamente, Dios puede hacer milagros en quince o veinte minutos, pero el cristianismo no es una bebida que pedimos en la ventanilla de un restaurante de comida rápida. El evangelio es, sin duda, la decisión más importante que una persona puede tomar, y debe tomarse con información relevante y consideración. Los cristianos deben prepararse para compartir el Evangelio con la esperanza de ser ellos el eslabón final en la serie de encuentros espirituales que una persona vive al avanzar hacia la comprensión del mensaje del Evangelio y a tomar una decisión de salvación.

Entonces, aunque tuve el privilegio de compartir el Evangelio con mis amigos de la escuela secundaria, únicamente Dios es quien obra en la conversión y la regeneración. Después de todo, mover a alguien a que te llame y te pregunte sobre el cristianismo es exponencialmente más fácil para la mayoría que iniciar una conversación en el evangelismo de confrontación. Pero con toda sinceridad, le hemos dado un mal nombre al evangelismo de confrontación, generalmente debido a algunas personas con personalidad muy áspera. El evangelismo confrontacional simplemente es un método de evangelismo en que alguien se acerca a un individuo que generalmente no conoce para compartir el mensaje del Evangelio. Esta persona es iniciadora de conversaciones evangélicas que generalmente comienzan con una pregunta, que se espera conduzca al interlocutor a un entendimiento de que Dios lo ama y quiere que esa persona decida tener una relación personal con Él a través de su Hijo

---

92 Steve Sjogren, *Conspiracy of Kindness: a refreshing new approach to sharing the love of Jesus*, (Ventura, CA: Regal, 2003), 134.

Jesucristo. Estas personas son extrovertidas y aman la emoción y el desafío que el evangelismo de confrontación puede traer. Creen fervientemente en un infierno en sentido literal que todos los que no tienen a Cristo enfrentarán, a menos que decidan seguirlo y hablen a otros de lo que Cristo ha hecho en su vida.

Sin embargo, con el evangelismo relacional, la paciencia es una realidad que se debe aceptar. Mi amistad con Tim abrió la puerta a una relación de treinta años, que me permitió hablar sobre su vida. Mi amistad con Bob abrió una puerta para sembrar fielmente algunas semillas del Evangelio, mientras reflexionaba si había compartido lo debido y me castigaba más tarde por lo que había olvidado. Sí, todavía me castigo por las oportunidades perdidas, pero Dios me recuerda que Él tiene el control y que regará las semillas sembradas en su tiempo. Al igual que los eslabones de una cadena, cada persona que comparte o presenta el Evangelio es un colaborador en la tarea. Todos los eslabones son importantes y cada uno de ellos tiene un papel estratégico, lo que presenta una perspectiva única y diferente de mi vuelo de regreso a casa al principio de este capítulo, cuando derramé hielo y cometí una infinidad de errores.

Invierta en usted mismo

Hay otro principio o realidad que debemos considerar si realmente esperamos ser efectivos en nuestros esfuerzos de evangelismo relacional. Dado que esta modalidad de evangelismo fluye de la relación con Cristo, tiene sentido que invirtamos en nuestro propio bienestar espiritual. ¡Nuestra semejanza a Cristo atraerá a otras personas! Jesús dijo: «Y yo, si fuere levantado [exaltado] de la tierra, a todos atraeré a mí mismo» (Juan 12:32). Cristo hace esto a través del don del Espíritu Santo de Dios. Jesús también dijo en Juan 6:44: «Ninguno puede venir a mí, si el Padre que me envió no lo trajere; y yo le resucitaré en el día postrero». Las Escrituras revelan que cuando exaltamos a Cristo, ¡el Espíritu Santo será quien ejerza la atracción! ¡Cuán crucial es que usted y yo seamos testigos con nuestras palabras, nuestras acciones y nuestra actitud! Esta quinta y última realidad del evangelismo relacional es tan importante como todas las demás realidades de las que he hablado y debería envolver una seria planificación espiritual.

El sentido común en el área del evangelismo relacional incluye el cuidado de su desarrollo espiritual, y también de su bienestar físico. Si el creyente en Cristo normalmente no cuida de su apariencia o de su condición física, ¿qué motivación tendría alguien de observar y escuchar lo que tiene que decir acerca de sus convicciones espirituales? Si el creyente no invierte en lo físico, puede levantar un muro de resistencia a cualquier tipo de evangelismo, sin importar el nivel de madurez espiritual que sienta que ha alcanzado. Esto puede parecer insignificante, pero si las personas no se sienten cómodas con su compañía, será mucho más difícil influir en ellas con sus creencias espirituales.

Obviamente, la inversión en su bienestar espiritual debe ser la prioridad, y debemos abordar estratégicamente este aspecto de nuestra formación espiritual a través de las disciplinas espirituales. Dallas Willard, al comentar el contraste entre la formación espiritual humana y la formación espiritual cristiana, dijo: «La formación espiritual cristiana, en contraste, es el *proceso redentor de formar el mundo interior del ser humano para que adopte el carácter del ser interior de Cristo mismo*».[93] Por lo tanto, debe centrarse en el desarrollo espiritual cristiano, no solo en el desarrollo espiritual humano. Willard luego enfatiza el ayuno y la memorización de las Escrituras en el proceso de formación espiritual cristiana. Estas dos facetas del desarrollo espiritual a menudo se pasan por alto y, en muchos casos, se ignoran, lo que nos ayuda a ver que las disciplinas espirituales a menudo requieren de esfuerzo o disciplina para incorporarlas a nuestra vida diaria. Estas disciplinas lo equiparán para un mayor impacto conforme modele un estilo de vida cristiano ante sus amigos y familiares.

93 Dallas Willard, *The Great Omission* (San Francisco: Harper, 2006), 105.

Dado que la guerra espiritual desafía al evangelismo en varios frentes, el ayuno, la memorización de las Escrituras y la oración se convierten en disciplinas poderosas. Hay muchos recursos y libros maravillosos disponibles sobre el ayuno, que enseñan acerca de los diversos tipos de ayunos y sobre cómo ayunar y ser responsables cuando hay restricciones de dieta y problemas de salud. La memorización de las Escrituras puede hacerse cada semana y podemos decir con el salmista: «En mi corazón he guardado tus dichos, para no pecar contra ti» (Salmo 119:11). Y la oración es el corazón de nuestra relación espiritual con Dios, lo que nos despierta a la realidad de que «lo más importante en la guerra espiritual es el poder que encontramos en el nombre de Jesucristo».[94]

Las disciplinas de la reflexión obligatoria y la oración son dos de los mayores beneficios en la planificación espiritual. Debemos dedicar regularmente tiempo a la oración de reflexión para tomar conciencia de lo que falta en nuestra vida espiritual. Las disciplinas espirituales no son solamente la lectura de la Biblia, la oración y la asistencia a la iglesia, las disciplinas espirituales implican todos los aspectos de la vida. Como testigos piadosos debemos integrar momentos regulares de oración y evaluación espiritual, porque somos llamados a ser testigos al mundo, no a nosotros mismos. Las disciplinas espirituales pueden incluir los momentos de calidad que dedicamos a la familia, los momentos de diversión, la amistad con creyentes, las personas que conocemos e incluso el trabajo secular. Incluso puede hacer uso de algunas de las herramientas disponibles hoy que lo ayudan a realizar una evaluación adecuada de su condición espiritual. Pero, la herramienta más valiosa de todas sigue siendo el Espíritu Santo que lo guiará a toda la verdad mientras usted busca al Señor en oración.

---

94 Wonsuk Ma, William W. Menzies, y Hyeon-sung Bae, *David Yonggi Cho: A Close Look at His Theology & Ministry* (Baguio City, Philippines: APTS Press, 2004), 53.

RESUMEN

Los líderes y discipuladores de la iglesia de hoy a menudo piensan en las muchas excusas y temores que prevalecen en torno a la evangelización, pero cada cristiano necesita recordar, «ganar el mundo para Jesucristo comienza con un alma».[95] Al reflexionar en las situaciones con mi amigo Bob o la joven dama compañera de viaje, mis primeros pasos de entrenamiento en el discipulado falsamente habrían presentado estas experiencias como ejemplos dicotómicos de éxito y fracaso. Con Bob, posiblemente fui el último eslabón de la cadena en su travesía espiritual; con la joven, quizás solo necesitaba presentar un modelo de lo que es el cristianismo. Con Tim, podemos ver que el evangelismo relacional se trata de establecer relaciones y plantar semillas; en el evangelismo no podemos nosotros mismos juzgarnos como éxito o fracaso. El diablo ha usado esa mentalidad para desanimar a multitudes de grandes evangelistas, ¡como usted! Entonces, tome su morral de semillas del Evangelio y comience a sembrar donde sea que vaya. Hay personas en su comunidad que han estado esperando escuchar las buenas noticias de alguien en quien confían.

95 Scott G. Wilkins, *Reach: A Team Approach to Evangelism and Assimilation* (Grand Rapids, MI: Baker Books, 2005), 134.

SU TAREA:
Reflexión, intercambio y aplicación
(en grupo o individual)

1. Comente con su grupo acerca de una persona que conoce por nombre en un lugar que frecuenta cada semana y por quien comenzará a orar. Puede ser cualquier persona, alguien en el aeropuerto o quien lo atiende en su restaurante favorito, o en la ferretería local o en la cafetería. ¿A dónde va cada semana?
2. Converse acerca de estos lugares que visita y cómo podría establecer relaciones con las personas allí. El cajero del banco, el cajero de la tienda de comestibles, el empleado del correo, algún estudiante o maestro de la escuela y los compañeros de trabajo son algunas de las personas con las que se puede cultivar excelentes relaciones.
3. Escriba o comente acerca de situaciones desagradables que haya tenido al evangelizar y que consideró un fracaso total. ¿Qué aspectos positivos de esas experiencias puede ver usted o su grupo a pesar de sus esfuerzos?
4. Mark Mittelberg[96] sugiere tener tres personas por las cuales orar respecto a su fe en Cristo. En los espacios en blanco más abajo, haga una lista de tres personas que conoce.
   a. ______________________________
   b. ______________________________
   c. ______________________________
5. Explique cómo presentaría en sus propias palabras y en un lenguaje más actualizado un versículo de las Escrituras en la versión Reina-Valera 1960 a personas que no asisten a la iglesia.

   Juan 3:16 – «Porque de tal manera amó Dios al mundo, que ha dado a su Hijo unigénito, para que todo aquel que en él cree, no se pierda, mas tenga vida eterna».

---

96 Bill Hybels y Mark Mittelberg, *Becoming A Contagious Christian* (Grand Rapids, MI: Zondervan, 1994), 104.

CAPÍTULO 6

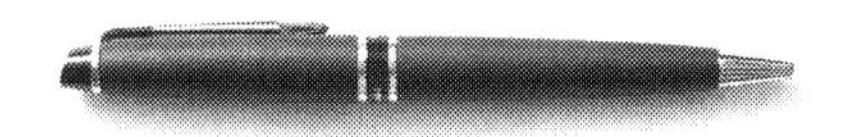

PREGUNTE

Aprender a evangelizar es:

PREGUNTAR – Las preguntas son una sencilla manera de iniciar una conversación.

Las preguntas son una forma maravillosa de iniciar conversaciones que no ofendan, que no prueben el error, que ofrezcan mejores alternativas y permitan que las personas tomen su propia decisión. Las personas generalmente prefieren llegar a una conclusión por sí mismas en vez de que alguien les diga qué está bien y qué está mal, y las preguntas son una excelente manera de hacerlo. Hay autores que han escrito algunas maravillosas perspectivas sobre el uso de preguntas bajo diversos títulos: el cuestionamiento del evangelismo y el evangelismo conversacional, solo por nombrar un par de ellos.

Greg Koukl, en su libro *Tactics: A Game Plan For Discussing Your Christian Conviction*s [Tácticas: un plan para presentar sus convicciones espirituales], destaca de manera extraordinaria algunos pasos para la conversación racional, que ayudará a sacar a la luz las inconsistencias de otras religiones e ideologías. Su sencillo enfoque de hacer preguntas clave con toda humildad, educarnos en nuestras propias creencias y realizar una cierta labor de detective a menudo nos ayuda a guiar a otros a las verdades de las Escrituras. El libro de Koukl presenta un enfoque amigable de la apologética que la mayoría de los «seguidores de Jesucristo» pueden adoptar fácilmente. Él dice: «En este libro me gustaría enseñarte cómo ser diplomático. Quiero sugerir un método que he llamado el Modelo Embajador. Este enfoque tiene como base la curiosidad amigable, una especie de diplomacia relajada, en vez del enfrentamiento».[97] ¡El comienzo de la felicidad en el evangelismo es eliminar la presión del evangelismo!

Norman y David Geisler comparten ideas similares en su libro, *Evangelismo conversacional*, que implica el uso de las preguntas. Afirman: «En resumen, el evangelismo conversacional implica escuchar atentamente a los demás y *escuchar* las discrepancias en sus puntos de vista y luego *traer a la luz* esas discrepancias con preguntas que ayuden a aclarar la terminología religiosa y exponer las debilidades de su perspectiva. Después, queremos desenterrar su historia y descubrir sus barreras ocultas para edificar un puente hacia el Evangelio (1 Corintios 3:6)».[98] El uso de este enfoque nos obliga a educarnos con el fin de formular esas preguntas que invitan a la reflexión, que abren la puerta a nuevas preguntas y oportunidades de construir puentes para el Evangelio de Jesucristo.

Felizmente, también podemos dejar que las preguntas surjan de manera natural. Cuando se trata de la fe de las personas, más tarde o más temprano usted tendrá que hacer preguntas sencillas para dirigir la conversación a asuntos espirituales. Si es un buen oyente y la persona con la que conversa tiene problemas, usted podría preguntar: «¿Alguna vez has orado por asuntos como este?». «¿Sientes que la familia de la iglesia te está ayudando en este difícil momento?». Si la respuesta es negativa, usted puede compartir cómo Dios ha respondido su oración o cómo la familia en su iglesia ha sido una gran bendición para usted. A continuación encontrará algunas otras preguntas:

---

97 Gregory Koukl, *Tactics: A Game Plan For Discussing Your Christian Convictions* (Grand Rapids: Zondervan, 2009), 20.

98 Norman Geisler y David Geisler, *Conversational Evangelism* (Eugene, OR: Harvest House, 2009), 118.

- ¿Alguna vez has pensado cómo quisieras que Dios bendijera tu vida?
- ¿Hay algo especial por lo que quisieras que oremos?
- ¿Alguna vez, y con sinceridad, has hecho las paces con Dios?
- ¿Tienes una iglesia a la cual asistir?
- ¿Alguna vez has sentido que luchas por encontrar paz en un mundo de cambio constante?
- ¿Estás realmente feliz con la vida que tienes?
- ¿Alguna vez has pensado en el tema de la fe?
- ¿Qué crees que significa la palabra salvación?
- ¿Alguna vez has pensado en la eternidad?
- Si te ocurriera algo terrible, ¿tienes paz respecto a dónde pasarás la eternidad?
- ¿Alguien alguna vez te ha explicado acerca del cristianismo?
- ¿Alguna vez has pensado acerca de la fe y espiritualidad?
- ¿Alguien te ha explicado quién es realmente Jesucristo?
- ¿Has encontrado buenas aplicaciones de la Biblia o devocionales para tu teléfono o computadora?
- ¿Alguna vez has orado por cosas que suceden en la escuela o en el trabajo?
- ¿Alguna vez te preguntaste si hay un Dios que realmente se preocupa de nosotros?
- ¿Qué piensas respecto a (la última noticia sobre temas de fe o la iglesia que está en los periódicos o en la televisión)? Esta podría ser una excelente manera de enfrentar realidades negativas en la iglesia y hablar sobre cuán diferente es la familia de su iglesia—y el verdadero cristianismo—en relación con ese tema.

Su habilidad para escuchar y el Espíritu Santo lo guiarán a hacer las preguntas acertadas. En realidad, ¡su creatividad es la única limitación para las preguntas que puede hacer!

No importa cuál sea su manera preferida de compartir el Evangelio, hágalo con sinceridad y sensibilidad hacia las convicciones de los demás.

Si realmente le importa, eso será evidente a través de sus acciones, su voz y su conversación. Me encanta el mensaje que Dios nos da en Proverbios 25:11–13 (NTV).

> *El consejo oportuno es precioso, como manzanas de oro en canasta de plata. La crítica constructiva es, para quien la escucha, como un pendiente u otras joyas de oro. Los mensajeros confiables refrescan como la nieve en verano. Reviven el espíritu de su patrón.*

Cuando pedimos al Espíritu Santo que nos guíe en nuestras conversaciones y preguntas sobre temas de fe, somos como la nieve refrescante en el calor abrazador de los momentos difíciles de la vida. Una palabra oportuna en el momento justo en la vida de una persona es un verdadero tesoro. Cuando eso sucede, generalmente recibiremos el aprecio de las personas porque hemos dado ese paso de fe para alcanzar y compartir una palabra de consuelo con alguien que la necesita.

Piense en sus pasatiempos favoritos, deportes o actividades de trabajo de las cuales podría extraer paralelos espirituales. Cuando pueda, infórmese de los acontecimientos actuales en la comunidad. Luego, en el curso de una conversación u otras de la actividades que disfruta, haga una pregunta que conecte la actividad o situación con una verdad espiritual. Después, ¡vea lo que Dios hace! Lo más importante es que usted sea espontáneo, no se esfuerce por ser quien no es. Además, ¡no se rinda si siente que pudo haber sido más efectivo en la conversación! De hecho, esto me sucede con bastante frecuencia.

Cuando regresé a casa después de servir en las Fuerzas Armadas, decidí que necesitaba conectarme a una iglesia ya que recientemente había vuelto a una buena relación con el Señor. La iglesia a la que asistí tenía un programa de discipulado en el que participé durante dos años, y crecí en mi fe y en la memorización de las Escrituras. Nunca imaginé que esta clase de discipulado sería una gran base para la siguiente fase de mi vida. Había un grupo de Evangelismo Explosivo (EE) en esta iglesia y alguien finalmente me convenció de que me uniera, ¡porque no creo que yo lo hubiera hecho por iniciativa propia! Cuando comencé a asistir a las clases, la presentación del Evangelio pareció muy estructurada y casi fría. Pero a medida que pasaba el tiempo, me di cuenta de que aprender un método específico era simplemente una manera de ayudarme a ver la meta y un método para presentar la historia del Evangelio. Después de un tiempo me di cuenta de que la manera de llegar a la meta era intrascendente, lo importante eran las semillas espirituales que sembrara.

Entonces, ¿qué quiero decir? Quiero decir que usted es diferente de cualquier otra persona en este planeta, ¡y eso es maravilloso! Debido a que todos somos diferentes, presentamos el mensaje de manera diferente y nos relacionamos más fácilmente con personas que son como nosotros. Las hileras de ladrillo se relacionan con hileras de ladrillo, los actores se relacionan con actores, los inversionistas financieros pueden relacionarse con otros inversionistas financieros, los abogados a menudo son respetados y pueden relacionarse con otros abogados, y así sucesivamente. No es malo ser diferente, pero es una realidad que a veces debemos recordar. Es por eso que mencioné anteriormente que no debe culparse de lo que no ha hecho. Sea usted mismo y pida al Espíritu Santo que de alguna manera le hable si está propenso a «pasar por alto» ciertas cosas; mi esposa Nancy me ha ayudado en este sentido.

Debemos dejar que las conversaciones acerca del Evangelio surjan de manera natural en nuestra interacción regular con los demás. Expresando comentarios breves y sencillos como: «Creo que debo orar por esto» o «Ayúdame a orar, por favor. Tengo que conversar con mi jefe hoy», o «¡He estado orando por nuevos clientes toda la semana y hoy Dios realmente ha respondido a mis oraciones!», «Dime, ¿cómo puedo orar por ti?», «¿Qué opinas sobre la oración?». Al hacer estos breves comentarios o preguntas, puede abordar temas delicados sobre la fe, y puede ayudar a la persona a darse cuenta de que realmente se preocupa por ella y dónde está en su experiencia espiritual. Entonces, sea un amigo y no agobie a las personas con discursos; comparta según el Espíritu Santo lo guíe, y generalmente es en consejos breves.

Encuentros que abren la puerta a un testimonio

En un vuelo a Orlando, Florida, tuve un interesante encuentro que me dio una oportunidad para testificar. Al abordar el avión, me encontré sentado al lado de un hombre y una mujer jóvenes. Este era un avión algo más grande de lo normal para el pequeño aeropuerto desde donde despegaba, así que fue una grata sorpresa contar con más espacio. Había estado orando que el Señor dirigiera mi camino para testificar a alguien y me preguntaba qué oportunidad me tendría preparada el Señor. Tomé la iniciativa y como soy una persona sociable, me presenté y descubrí que quienes estaban a mi lado eran Jim y Beth. Continué la conversación con la esperanza de que el Señor me diera la oportunidad de hablar de asuntos espirituales. Jim y Beth también querían conversar, y descubrí que él era un estudiante de último año de secundaria, que le encantaba la batería y que estudiaría en una universidad local el próximo año. Él y su hermana Beth, que era una estudiante de la escuela secundaria y tocaba la trompeta como yo, eran de un pueblo cerca donde yo vivo. Cuando me dijeron eso, supe que era un encuentro preparado por Dios. Como familia, el siguiente domingo visitaríamos la iglesia en esa comunidad para celebrar un servicio y sabía que Dios había preparado todo para que ellos se unieran a nosotros, pero estaba equivocado.

Después de la sorpresa de todo lo que teníamos en común, les pregunté a dónde iban. Jim dijo que iban a conocer a su padre, a quien nunca habían visto. Habían crecido con su mamá y su padrastro, quien había sido un gran padre para ellos. Está demás decir que estaban nerviosos. Parecían buenos jóvenes, pero me di cuenta de que Dios y la iglesia no eran su interés número uno en la vida, ni siquiera estaban seguros de dónde estaba ubicada la iglesia donde yo hablaría en esa ciudad, a pesar de que está en una de las calles principales (y el pueblo no es tan grande). Pude compartir sobre la paz y el consuelo que Dios podía traer en ese tipo de situaciones; y los animé a aferrarse a Dios durante su visita. Ambos dijeron que iban a venir al servicio el domingo siguiente para vernos, y los animé a que lo hicieran. Les di una de nuestras tarjetas de oración y le dije a Jim que se mantuviera en contacto para que me contara acerca de la experiencia, él me dijo que lo haría.

Hubo varias cosas que me sorprendieron esa semana. Primero, yo mismo me reproché por no arriesgarme a preguntar sin rodeos si tenían una relación con Dios, y si había alguna razón por la que no querrían conocerlo. Pero siempre tiendo a equivocarme por no ofender a las personas, y en este caso mi esperanza era que la conversación continuara en los días venideros. Tampoco sentí que el Espíritu Santo me impulsara a confrontarlos. En segundo lugar, mis jóvenes amigos no llegaron a los servicios, lo que confirmó aún más que siempre debo «correr el riesgo» cuando estoy en medio de una conversación de fe, en vez de esperar una oportunidad que tal vez nunca llegue. Finalmente, nunca recibí una llamada telefónica o un correo electrónico. Entonces, debo conformarme con saber que por lo menos pude sembrar algunas semillas del Evangelio. Realmente, eso es todo lo que Dios nos ha pedido que hagamos. No podemos cambiar el corazón de nadie, ese cambio solo sucede cuando alguien voluntariamente pide perdón e invita a Jesucristo a tener el señorío y el liderazgo de su vida.

El Señor me enseñó una linda lección en mi encuentro con Jim y Beth. Cuando salimos del avión, me separé de ellos. Al entrar en la terminal, noté a un caballero con una hermosa camisa, pantalones de mezclilla y botas vaqueras que estaba mirando en mi dirección. Obviamente esperaba a alguien, y con una vestimenta fuera de lo común para esa parte del país. Pero no le di mayor importancia.

De repente recordé que no me había despedido de Jim y Beth, así que me di la vuelta para esperarlos y darles palabras de ánimo una vez más. Cuando me di la vuelta, los vi que abrazaban al hombre que había notado anteriormente en el atuendo vaquero. En ese momento, el Espíritu Santo me recordó que volver a Cristo era como la imagen de mis compañeros de asiento y su padre biológico que nunca habían visto. Al verlos allí, me recordó el amor de Dios por sus hijos y su deseo de abrazar a todos los que regresan a Él.

También me recuerda aún hoy lo importante que es seguir los mandamientos de Cristo y buscar oportunidades de ayudar a las personas a volver a una recta relación con su Padre celestial. Me gusta mucho lo que Henry T. Blackaby dijo en su libro, *Created To Be God's Friend* [Creado para ser amigo de Dios], acerca de la obediencia: «El primer paso para ser "amigo de Dios" es la obediencia a "seguirlo" donde sea que Él disponga, donde quiera que vaya y donde sea que Él dirija».[99] Cuanto más nos acercamos a Cristo, tanto más desearemos lo que Él quiere, y tanto más buscaremos su dirección sin importar a dónde nos lleve.

A veces tenemos que enfrentar el argumento de las «reglas», o podemos sentirnos de esa manera cuando hablamos de la obediencia a Cristo. Algunas personas se molestan cuando conversan sobre asuntos de fe, porque ven el cristianismo como un grupo de reglas que le quitan toda la diversión a la vida. Sin embargo, aprecio lo que Greg Laurie dice sobre ese argumento. No debes «enfatizar aquello que dejaste por Dios, sino lo que Él dio por ti».[100]

Cuando pienso en este aspecto del cristianismo, pienso en mi esposa, Nancy. Nos conocimos cuando ella estaba trabajando en su doctorado en Currículo e Instrucción con énfasis en educación primaria en la Universidad de Missouri en Columbia, Missouri. Después de enseñar durante casi quince años, decidió que quería ayudar a otros estudiantes a cumplir su sueño de convertirse en educadores. Nancy sabía lo que era el trabajo duro. Al provenir de una familia militar jubilada, aprendió el valor del trabajo arduo temprano en la vida. Esto la ayudó a convertirse en una de las primeras personas de su familia en estudiar en la universidad «Hard Work U», también conocida como College of the Ozarks en Hollister, Missouri.

---

99 Henry T. Blackaby, *Created To Be God's Friend* (Nashville, TN: Thomas Nelson, 1999), 55.

100 Laurie, *How To Share Your Faith*, 42.

Nancy se graduó y comenzó su carrera docente, mientras también asistía a clases nocturnas para obtener su maestría en educación. Cuando nos conocimos, ella estaba terminando su proyecto de tesis en su programa de doctorado en educación. Nos enamoramos, nos casamos en una ceremonia muy sencilla y comenzamos a seguir al Señor en el ministerio pronto después de que ella recibiera su título. Poco después, Nancy sintió que el Señor quería que pusiera su doctorado y su carrera en el estante para criar a nuestros dos hijos. Me doy cuenta de que no muchas personas tienen este lujo, pero Nancy sintió que el Señor le hablaba muy claramente sobre esto y sentí que debía confiar en Él cuando dimos el paso de fe y trabajé en diversos trabajos adicionales para llegar al fin de mes.

La lección para mí fue bastante clara: cuando amas a alguien lo suficiente y algo es lo suficientemente importante, estás dispuesto a sacrificarte por lo mejor. Eso no significa que sea fácil dejar de lado algo por lo que has trabajado toda tu vida, y luego concentrar tu esfuerzo en otra cosa que requiera un gran paso de fe. Pero cuando sabes que es lo que Dios quiere, también te das cuenta de que es algo mejor de lo que ya tienes, y se necesita una decisión en oración. Tiene que ser tu elección, no algo que se te imponga. Cuando Nancy y yo oramos sobre esta decisión, el Señor nos dio una paz que superó la comprensión humana y confirmó que fue la decisión correcta. Jim Collins dice: «La grandeza no es una función de las circunstancias. La grandeza es en gran medida un asunto de elección consciente».[101] Pasar de lo bueno a lo mejor puede ser un término secular, pero en la perspectiva de Dios, cuando pasamos de nuestra voluntad a la Suya, eso es exactamente lo que hacemos. Nancy y yo nunca anhelamos grandeza. Solo queríamos seguir la dirección de Dios para nuestras vidas. Mirando de manera retrospectiva, ambos estamos de acuerdo en que la obediencia fue la clave.

---

101 Collins, Jim, *Good to Great: Why Some Companies Make the Leap...and Others Don't* (New York: HarperCollins, 2001), 11.

Me doy cuenta de que la obediencia a Dios cuando se trata de acercarnos a las persona es un paso de fe. Pero qué privilegio tenemos de compartir nuestra experiencia de fe con alguien que se ha desviado en la vida, o que nunca ha escuchado el mensaje del Evangelio. Estoy seguro de que en mi historia sobre Jim, Beth y su padre biológico, tanto el padre como los hijos esperaban con ansiedad ese primer encuentro, pero reparar la relación entre ellos era más importante que sus ansiedades. Así también, muchos sienten ansiedad por ese primer encuentro con un Dios santo. Es posible que la persona necesite conversar con alguien que ya lo conoce, y usted podría ser quien la ayude a cruzar esa línea de fe y a depositar su confianza en Jesucristo. Por eso la obediencia es tan importante: lo que está juego es el destino eterno de alguna persona.

También creo que no nos damos cuenta del poder de pedir a Dios oportunidades de compartir nuestra fe. Muchos cristianos sienten que, dado que no son realmente hábiles para presentar el mensaje del Evangelio, ni siquiera deberían pedir oportunidades a Dios para hacerlo. Lamentablemente, hay muchas personas que esperan que alguien como usted se acerque con fe y les dé una palabra de esperanza. Ese podría ser el encuentro que abra una puerta de oportunidad a una importante conversación de fe y restaure a alguien que usted conoce. No espere hasta ser un experto en testificar: tenemos suficientes expertos. Lo que Dios realmente necesita es alguien que ore sinceramente por oportunidades de compartir el amor de Cristo a un mundo que lo necesita desesperadamente, y lo haga a su manera. Usted puede hacer esto, ¡y cuenta con el respaldo de Dios!

En otro vuelo, me senté junto a una dama mayor llamada Carol. Pensé que esto era algo gracioso porque en el viaje a mi destino anterior nadie se sentó a mi lado, tuve toda la sección para mí, lo cual fue bueno porque me estaba preparando para una clase. Carol era una mujer bastante irascible y no temía decirlo. Ella era conversadora y aunque el vuelo no estaba lleno, sentí que debía permanecer sentado a su lado. Era del noreste y había estado casada. Además me dijo que con Phil, su novio actual había mantenido una relación de unos 15 años. Realmente no le gustaba dónde vivía y había estado en el este del país durante un mes, ayudando a su familia, que era un grupo muy unido. Carol era el tipo de mujer que había trabajado duro por lo que tenía, y nadie se lo quitaría. La escuché mucho más de lo que hablé, pero pudimos comentar cómo a veces pensamos que Dios no está a la vista y que ni siquiera se interesa. Compartí cómo me sorprendió descubrir que Dios realmente se preocupa por nosotros y quiere estar presente, incluso en las pequeñas cosas de la vida.

También hablamos sobre otros problemas con los que ella estaba lidiando: el dolor del divorcio y cómo Dios no obligará a un persona a hacer lo que no quiere—todos tenemos libre albedrío y las decisiones de una persona pueden perjudicar terriblemente a aquellos que están más cerca. También hablamos sobre cómo el temor a ser lastimada nuevamente probablemente la alejó de una relación bendecida. Pude compartir con ella cuánto el Señor se preocupaba por ella y cómo a veces solo necesitamos pedirle que nos libere de cosas que no son buenas para nosotros. La animé a pedir al Señor que le revelara cualquier cosa que impidiera su relación, y qué barreras podrían estar impidiéndole confiar en Dios de la manera que ella necesitaba hacerlo.

Ella habló sobre la iglesia donde vivía y lo decepcionada que estaba ahí y que no había podido encontrar una iglesia de su agrado. Ella habló un poco sobre una iglesia local que conocía, y le dije que debía visitarla. Le dije que ese era mi desafío para ella. Se rió y dijo que posiblemente iría. Le di a Carol una de mis tarjetas y le pregunté si podía orar con ella y ella aceptó. Así que oramos y poco después aterrizamos. No pude ver con quién se encontró, pero realmente me sentí feliz de que Dios me hubiera dado la oportunidad de ayudar a alguien a acercarse un poco más a su Padre celestial, con solo hacer algunas sencillas preguntas y escuchar.

Comparta su propio testimonio

Después de hacer algunas preguntas que el Espíritu Santo ponga en su corazón, es posible que desee compartir su propio testimonio. Como:

«Sí, recuerdo cuando llegué a Dios...». Asegúrese de estar en un lugar apropiado y de tener tiempo para compartir su testimonio (consulte el capítulo diez para saber cómo redactarlo). Si está en su lugar de trabajo y en el tiempo de su empleador, obviamente no es un buen momento para compartir por mucho tiempo, ni tampoco es un buen testimonio suyo como cristiano.

Sea que haga preguntas o que comparta su testimonio, es necesario hablar en un lenguaje que el oyente entienda. ¿Está hablando con un médico? Su lenguaje debe articular las sutilezas de los descubrimientos arqueológicos que han confirmado muchas de las enseñanzas de la Biblia y utilizar un nivel más alto del idioma común de su país. ¿Está hablando con una persona que no tiene un lugar donde vivir y que nunca terminó la escuela secundaria? ¡Su elección de palabras podría desalentar o incluir a la persona en una conversación significativa que tiene el potencial de cambiar su corazón y abrir sus ojos a una nueva forma de vida!

Myron Augsburger es un pastor menonita que compartió una visión refrescante del evangelismo. Junto con Clavin Ratz y Frank Tillapaugh escribió en su libro, *Mastering Outreach & Evangelism* [El dominio del alcance y el evangelismo], un capítulo titulado: La predicación evangelística. Él relata el siguiente encuentro que tuvo con un caballero un día.

> Aficionado a la teología como soy, tuve la tentación de describirle el significado teológico de la expiación. Sin embargo, pregunté: «¿Tienes amigos cercanos?». Cuando él asintió con un movimiento de cabeza, continué: «Supongamos que uno de ellos se mete en problemas. ¿Qué harías con él?
>
> «Ayudarlo» respondió.
>
> «¿Cuánto tiempo vas a estar con él?».
>
> «Bueno, él es mi amigo. Tengo que estar a su lado.»

«Pero si él se mete en un problema mayor. ¿Cuándo vas a dejarlo?».

Un poco molesto, respondió: «Hombre, si él es mi amigo, yo no lo dejo. Ni siquiera los criminales se abandonan».

Lo miré y le dije: «Dios vino a nosotros como un amigo y se identificó con nosotros en nuestro problema. ¿Cuando nos va a dejar?».

«¿Estás hablando de Jesús?» me preguntó.

«Sí. Si Él es un amigo, ¿podría algún día decir: "Ya basta. Has agotado mi paciencia"?».

En ese momento, sus ojos se iluminaron, y dijo: «¿Me estás diciendo que esa es la razón de que Jesús murió?».

«Esa es una razón. Él no eludió la muerte, de lo contrario no se habría identificado realmente contigo.»

El hombre se levantó y se sacudió los pantalones. Luego me sonrió y se alejó calle abajo, cuadrando los hombros mientras caminaba. Cuando se alejaba, le susurré (aunque no pudo oír): "No lo sabes, pero has sido evangelizado".»[102]

Hablar en el idioma de otra persona es de mucha ayuda para explicar la relevancia y la realidad de lo que una relación con Jesucristo puede significar en la vida de alguien. Nuestra responsabilidad radica en compartir con un corazón sincero y luego dejar que Dios se haga cargo. Hacer preguntas es

102 Calvin Ratz, Frank Tillapaugh, Myron Augsburger, «Preaching Evangelistically» in *Mastering Outreach and Evangelism,* (Portland, OR: Multnomah, 1990), 144.

solo una de las muchas maneras de invitar humildemente a otra persona a hablar de sus creencias con la esperanza de que Dios guíe esa conversación hacia el plano de la fe. Espero que tome la iniciativa y dé ese salto.

SU TAREA:
Reflexión, intercambio y aplicación

1. Escriba cuatro o cinco preguntas que no solo serían relevantes en el lugar donde vive y trabaja, sino que también pueden ser preguntas de transición que conduzcan a más conversaciones sobre la experiencia de fe de una persona.
2. Haga al menos un esfuerzo esta semana de hacerle a alguien una pregunta que pueda conducir a una conversación más profunda sobre asuntos espirituales.
3. Dígale a alguien que conoce lo que planea hacer para que lo mantenga a cuenta. ¡Así también tendrá a alguien con quien compartir lo que suceda!
4. Si está en un grupo, comparta algunas experiencias que tuvo la semana pasada con el fin de animar a otros o pida oración por algún encuentro desalentador que haya tenido. Independientemente del resultado del encuentro, regocíjese por haber hecho el esfuerzo de esparcir la semilla del Evangelio.
5. Si está en un grupo, imagine diversas situaciones y haga preguntas conforme a la escena que se describe. ¡Es posible que se ría un poco mientras lo hace!
6. Una de las cosas más importantes que puede hacer es escribir su testimonio. La mayoría de las personas «saben» lo que Dios ha hecho en su vida, pero cuando quieren hablar de ello en una conversación, las palabras no fluyen con tanta facilidad. Es posible que ocupe varias páginas, pero está bien. Si necesita información adicional, eche un vistazo al capítulo diez.
7. Una vez que haya escrito su testimonio, ¡vuelva a escribirlo en solo un párrafo! De esta manera, podrá hablar de él sea que tenga minutos u horas.

CAPÍTULO 7

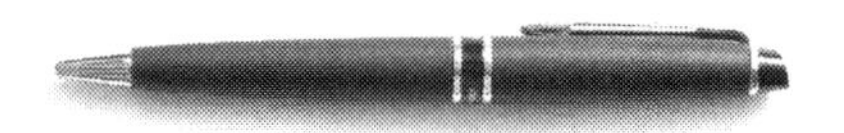

PREGUNTE...LO MÁS IMPORTANTE ES EL PEZ

Crecí en una granja, y siempre me gustó pescar. Tomábamos nuestra caña de pescar e íbamos al pequeño lago que teníamos cerca. Cuando era niño, siempre disfruté los olores del lago, los peces y el bosque, y la posibilidad de estar a solas en la naturaleza. ¡Pero la emoción mayor era cuando sentía un mordisco en la carnada y luego el tirón de un pez en la línea! La emoción de atrapar un pez produce una sensación que todavía es difícil de describir. Pero una cosa sé: ¡despertó para siempre en mi la pasión de seguir pescando!

Puede que no sea una gran sorpresa que muchas personas hayan comparado compartir su fe en Cristo con la pesca, Cristo mismo lo hizo. Mateo 4:18–20 presenta el siguiente registro: «Andando Jesús junto al mar de Galilea, vio a dos hermanos, Simón, llamado Pedro, y Andrés su hermano, que echaban la red al mar; porque eran pescadores. Y les dijo: Venid en pos de mí, y os haré pescadores de hombres. Ellos entonces, dejando al instante las redes, le siguieron». Felizmente, Mateo usa la forma plural de la palabra para hermanos, que puede significar tanto hombres como mujeres. He conocido algunas mujeres pescadoras realmente maravillosas—pescadoras de peces y pescadoras de almas.

No importa en qué tipo de deporte o actividad participe, siempre será bueno educarse respecto a esa actividad y lo que envuelve. Así también, antes de que alguien pueda hablar a otra persona sobre la esperanza que hay en una relación con Jesucristo, deben saber qué significa con el fin de ayudar a otros en su experiencia de fe. En las páginas siguientes, compartiré algunas de las cosas que me ayudaron a pescar y cómo eso puede relacionarse con el testimonio de nuestra fe. Desde el entrenamiento y la paciencia que se necesita, hasta los tipos de carnadas y los peces mismos. Entonces, tome su sombrero de pesca favorito, busque un lugar acogedor y cómodo y siga leyendo. Estamos a punto de dirigirnos al lago porque los peces están listos para morder y el agua se ve genial.

El entrenamiento

Cuando era niño, mi papá me enseñó muchas cosas acerca de la pesca. Cómo hacer nudo al poner una nueva carnada y cómo enrollar la línea. Dependiendo de la carnada, la línea se puede enrollar rápidamente o de manera intermitente. Si pesca con gusanos o saltamontes reales (mi favorito), a menudo resulta bien con un corcho y simplemente se puede dejar que el cebo se balancee en el agua (o cuelgue suspendido del corcho). Cuando el corcho se hunde, ¡sabes que un pez está mordisqueando el cebo o que se lo ha llevado! Cuando notas que el pez ha mordido el señuelo, comienza el desafío de llevarlo a tierra.

Pero la persona de quien aprendí más fue mi primo Dick. El primo Dick era el mejor pescador que conocía. Tenía un pequeño bote con remos, en el que me sacaba cada vez que íbamos a pescar. Una vez en el agua, comenzaba la enseñanza de los secretos de la pesca. Él conocía sobre el agua fangosa después de una lluvia y cómo frotar el eje de la caña de pescar contra su nariz o detrás de la oreja para que los aceites evitaran que la caña de pescar se atascara cuando llegara el momento de desarmarla. Sabía sobre los peligros del sol que proyectaba la sombra sobre el agua y además por qué un cebo es mejor que otro. El primo Dick era uno de esos pescadores que tenía todos sus señuelos favoritos enganchados en su sombrero y le encantaba pasar tiempo en el lago, disfrutando de la tranquilidad de la pesca. Estoy seguro de que también le gustaba el pescado, pero generalmente los soltaba.

El primo Dick también me mostró los diferentes estilos de pesca. Había cañas de bambú, cañas de *spinning* y cañas de mosca. Tenía mucha habilidad con la caña de mosca y podía lanzar el señuelo en los lugares más difíciles. Si alguna vez conocí a un maestro pescador, ese fue mi primo. Cuando Dick y yo íbamos al lago, me encantaba escuchar las historias que contaba. Había sido un infante de marina en días pasados y lo veía con una cierta admiración. Después de mis días de militar hubo entre nosotros una relación aún más estrecha además de un mutuo respeto. Pero cuando el primo Dick me llevaba a pescar y llegaba el momento de la pesca, no se hablaba, ¡solo se permitía un susurro porque los peces también pueden escuchar!

¿Qué relación tiene esto con el evangelismo? Bueno, compartir nuestra fe puede ser una experiencia aterradora, y es por eso que soy un gran partidario testificar en un estilo de evangelismo a través de la conversación. Nadie puede negar lo que Dios ha hecho en su vida. Y, al igual que la pesca, es bueno ir con alguien más para que no solo puedan disfrutar de la compañía, sino para también brindarse apoyo al salir con fe. La presencia de un amigo le da el doble de oportunidades para responder las preguntas que pudieran surgir. Si no tiene la respuesta, quizás su amigo sí la tenga. Si está con alguien que tiene más experiencia que usted, ¡puede convertirse en un gran mentor para usted! Verdaderamente, la mentoría y la capacitación que recibimos de otros nos equipan con ideas y métodos que pueden dar buen resultado y otros que podrían ser más ineficaces u ofensivos. Así como aprendí a pescar de mi padre, después aprendí aún más de mi primo Dick. Por lo tanto, le aconsejo que aproveche las oportunidades de escuchar cómo otras personas comparten su fe y ore si Dios quiere que pruebe algo diferente. Lo más importante es que no se sorprenda demasiado cuando Dios quiera

> «Y les dijo: "Venid en pos de mí, y os haré pescadores de hombres»
> Mateo 4:19

usarlo como mentor para otra persona que está comenzando a salir y a tener conversaciones de fe con otros.

Así como los pescadores prueban diversas carnadas para ver qué atrae a los peces, necesitamos descubrir los problemas que enfrentan las personas para tener un punto de contacto o un interés al orar por las conversaciones que podríamos tener. Si alguien está pescando bagre, seguramente no utilizará un señuelo que permanezca en la superficie porque al bagre le gusta la profundidad, donde es agradable y fresco. También usará una carnada que le guste al bagre, pero que otras variedades de peces no toque, como el hígado u otra carnada con olor desagradable. Es cierto, hay carnadas que no huelen bien, pero podría ser la receta que Dios use para atraer a otros a Él. A no todos les gusta la pesca, pero a muchos les preocupa tener un trabajo, viajar con seguridad al trabajo, gozar de estabilidad financiera, hacer algo por el prójimo, los deportes, cuidar de su familia, criar hijos y liberarse de las adicciones, solo por nombrar algunos. ¿De qué puede hablar que podría conducir a una conversación sobre el tema más importante que podemos imaginar: el lugar dónde alguien pasará la eternidad?

La paciencia

Sentarse en la orilla de un lago mirando un corcho que no se mueve no es la manera más emocionante de pasar una mañana o una tarde. Es por eso que la paciencia es un requisito tan importante cuando se trata de pescar o de compartir nuestra fe. Creo que también es la razón de que tantos señuelos están diseñados para ser lanzados y luego enrollados a diferentes velocidades. ¡Incluso los pescadores de más edad se aburrirían si todo consistiera en mirar un bobber! Michael Green afirma una verdad obvia: «la mayoría de las personas son atraídas a la fe por la persistencia amorosa y la amistad de alguien cercano».[103] En una época de gratificación instantánea, la pesca, y la evangelización, requieren del tiempo de antaño y mucha paciencia.

Los peces son criaturas bastante inteligentes. ¡Muchos de ellos ignorarán su anzuelo, cebo o señuelo porque han visto esto antes y vieron cómo su familia o amigos eran sacados del agua! Otros intentarán mordisquear el anzuelo para ver si pueden conseguir algo bueno sin compromiso alguno de su parte. Habrá otros que huirán cada vez que vean algo parecido a un anzuelo, cebo o señuelo debido a las historias que tal vez han escuchado de otros, o experiencias pasadas negativas que han vivido. Parece que fueran personas, ¿verdad? Habrá personas que simplemente ignorarán su mejor esfuerzo, mientras que otras le prestarán suficiente atención para que se sienta bien. También hay otros, que sencillamente corren cada vez que ven a alguien con una Biblia.

En el libro *You Lost Me: Why Young Christians Are Leaving Church…and Rethinking Faith* [Me perdiste: Por qué los jóvenes cristianos abandonan la iglesia...y repiensan la fe], David Kinnaman comparte cómo los pródigos, los que han abandonado la iglesia, han sido heridos profundamente. Él comenta que cuando nos encontramos con ese tipo de personas (peces) necesitamos «responder con paciencia y la compasión que mostró el padre en la parábola de Jesús».[104] Muchas de nuestras conversaciones de fe serán con personas que han sido lastimadas en la iglesia. Cuando nos encontremos con estas personas, es hora de que escuchemos con sinceridad, y tal vez también con un oído compasivo.

Por eso la oración es tan importante en nuestra labor como testigos del Señor. Tim Keller dice: «El propósito básico de la oración no es doblegar

103 Michael Green, *Sharing Your Faith With Family and Friends* (Grand Rapids, MI: Baker, 2005), 2.

104 Kinnaman, *You Lost Me: Why Young Christians Are Leaving Church…and Rethinking Faith*, 67.

la voluntad de Dios a la mía, sino moldear mi voluntad en la suya».[105] Cuando nos esforzamos por seguir los pasos de Jesús, complaceremos y glorificaremos a nuestro Padre celestial. Cuando pensamos que las cosas no están bien aquí en la tierra, los ángeles se regocijan de que hayas tomado la decisión de dar un paso de fe y hayas compartido con alguien sobre la bondad de Dios, o hayas orado con alguien que está sufriendo o hayas hecho algo que glorifica a Dios y muestra el poder del Evangelio en palabras y acciones. Por eso la oración es tan importante, porque siembra las semillas de la bondad y la fe.

Cuando buscamos a Dios en oración alineamos nuestra actitud con la mentalidad del Reino y desechamos el egoísmo. El propósito de cualquier iniciativa evangelística es glorificar Dios, en vez de atraer la atención a nosotros mismos. Como Robert Lee y Sara King comparten: «Casi nada de importancia es hecho por una sola persona, sobre todo si se trata de alguien que lidera. Un líder necesita paciencia en su trato con los demás y debe sentirse cómodo al tratar los asuntos "políticos" y cuando se trata de compartir el crédito o reconocerlo».[106] Tal vez piensas: «¡bueno, yo no soy un líder!». Pero la realidad es que puedes llevar a alguien a Jesús o alejarlo de Él. Todo creyente en Cristo, lleno del Espíritu Santo es un líder.

La paciencia también es clave en la pesca y en las conversaciones de fe, porque he notado que los peces y las personas son bastante independientes. Las personas, y los peces, aparentemente hacen las cosas a su manera. Nunca ves a otro pez que arrastra a sus amigos, familiares o vecinos por el estanque, ¿verdad? ¡A todos nos gusta mantener el control! «Muchos de los problemas de las personas se producen por tratar controlar lo que está fuera de su control, y cuando lo intentan, pierden el control de ellos

---

105 Timothy Keller, *Encounters With Jesus: Unexpected Answers To Life's Biggest Questions* (New York: Dutton, 2013), 167.

106 Lee, Robert J. y Sara N. King. *Discovering the Leader in You: A Guide to Realizing Your Personal Leadership Potential,* (San Francisco: Jossey-Bass, 2001), 81.

mismos».[107] Por eso es tan importante que dejemos que el Espíritu Santo nos guíe y dejar el resultado a Dios. Solo Él es el juez y quien cambia nuestro corazón. Henry Cloud y John Townsend también comentan una interesante verdad sobre nuestra independencia y hambre de control:

> Cuando Adán y Eva comieron del árbol, se alejaron de Dios e intentaron conducir su vida separados de Él. Intentaron volverse como Él, poseer ellos también una cierta deidad.[108]

Generalmente, nuestros problemas surgen cuando intentamos ejercer nuestro libre albedrío para exaltar nuestros propios dioses y habilidades separados de Dios y de su dirección. Tratamos de convertirnos en nuestro propio dios en vez de rendirnos totalmente al único Dios. Irónicamente, lo mismo es cierto en la pesca. No es posible controlar al pez y hacer que trague la carnada. Solo tiene que arrojar la carnada correcta y esperar que la naturaleza siga su curso. Si la carnada es lo suficientemente atractiva y usted no pierde la paciencia, ¡el pez vendrá!

La paciencia se convierte en un recurso obvio cuando surgen los enfrentamientos. Dado que el enfrentamiento puede ser para usted un componente muy real de una experiencia de testimonio, saber qué hacer en esas situaciones puede ser muy útil para todos nosotros. Henry Cloud y John Townsend presentan una verdad humorística pero válida: «Si hay una persona resistente en tu vida, la postura número uno que deberás adoptar para aprender a lidiar con ella es esta: *no te sorprendas de que la verdad no sea bienvenida*».[109] Cuando reconocemos que algunas personas simplemente no quieren escuchar la verdad, incluso cuando la compartes

---

107 Henry Cloud y John Townsend, *How People Grow: what the bible reveals personal growth* (Grand Rapids: Zondervan, 2001), 32.

108 Cloud y Townsend, *How People Grow*, 34.

109 Henry Cloud y John Townsend, *Boundaries Face to Face* (Grand Rapids, MI: Zondervan, 2003), 151.

con paciencia, en una actitud de amor y gracia, nos prepara para escenarios poco favorables aunque hemos hecho todo lo posible pero aparentemente sin éxito. Es por eso que debemos apoyarnos en la dirección del Espíritu Santo, especialmente cuando una situación se torna polémica.

También debemos recordar que es un viaje. Al conversar con alguien, no ejercimos de inmediato la fe en Jesucristo y en las palabras de las Escrituras, entonces, ¿por qué otra persona lo haría? Esta es la decisión más importante que cualquiera puede tomar, por lo tanto no podemos esperar que en un instante alguien tome una decisión que afectará el resto de su vida.

Al igual que la historia que Jesús refiere en Lucas 15:3–7, cuando una oveja se extravió, el pastor dejó en un campo abierto las noventa y nueve que no se habían perdido y buscó la que estaba perdida. La Escritura nos dice en el versículo seis, que cuando ese pastor encontró la oveja, la puso sobre sus hombros y la llevó de regreso al lugar donde estaban las demás. Si la oveja se perdió y el pastor tuvo que dejar el rebaño para ir en busca de ella, entonces es lógico pensar que posiblemente tardó en recuperarla. La oveja perdida no estaba a la vuelta de la esquina; si a sí hubiera sido, no la habría considerado perdida. Entonces, debemos entender que las decisiones instantáneas no son una progresión normal a menos que usted sea el último eslabón en una larga cadena de encuentros divinos en la vida de esa persona. La realidad es que se necesita un considerable período de tiempo antes de que podamos ayudar a alguien que está perdido a regresar al redil donde están las demás ovejas. Es posible que tenga muchas preguntas, y quizás no tengamos respuesta inmediata para alguna de ellas. Así que tenga paciencia y regocíjese porque Dios lo ha usado para sembrar semillas de esperanza en una vida que necesita unirse o reunirse con la familia de Dios en su propio tiempo.

El señuelo

Cuando era niño, usábamos principalmente «señuelos vivos» para pescar. Eso significa que desenterrábamos algunos gusanos, atrapábamos saltamontes y los poníamos en un anzuelo, o usábamos hígado si el plan era pescar bagre. El anzuelo estaba unido a lo que llamamos boya, algo que flota o «se balancea» sobre el agua, que a su vez estaba unido al hilo de pescar y atado al extremo de una caña de bambú. Nada lujoso, pero daba resultado.

Hoy tenemos una amplia variedad de accesorios de pesca. En una tienda deportiva encontramos más de trescientos tipos de cañas de pescar: mar profundo, cañas de spinner, cañas de spinning y cañas de pesca con mosca. El antiguo señuelo vivo todavía se usa en muchos lugares, pero también tenemos miles de diversos tipos de señuelos de pesca que se dividen en siete categorías básicas. Hay *jibioneras*, señuelos articulados, cucharillas, vinilos de pesca, plumillas, señuelos giratorios y moscas para aquellos entusiastas de la pesca con mosca.

Un pescador de caña utilizará el mejor señuelo para saber qué atrae a los peces ese día. No se trata de obligar al pez a picar el anzuelo. Él tratará de saber qué es lo que atrae a los peces y utilizará ese tipo de señuelo para atrapar una gran cantidad de peces. También cambiará su técnica o ubicación ya que los peces se mueven bastante. Si él supiera que cierto tipo de cebo es el que atrae al pez más grande del lago, ¡ciertamente lo usaría! Con el evangelismo, he visto a personas ofrecer un vaso de agua sin costo alguno, pintar uñas gratis, trabajar gratis en jardines y adoptar escuelas con el fin de crear oportunidades para conversaciones de fe, mientras suplen necesidades en la comunidad. Entonces, pregúntese, ¿qué necesidades tienen las personas en mi vecindario o en mi comunidad que yo pueda satisfacer? Cuando la gente ve su interés en ayudar a suplir una necesidad en el lugar donde vive, comenzará a establecer relaciones confiables, y eso con mucha seguridad podría conducir a conversaciones de fe.

Si tiene una amplia variedad de señuelos de pesca seguramente tendrá algo que atraerá a los peces cuando pase horas junto al agua. ¡Así también, hay muchos y diversos estilos de evangelismo o métodos para compartir la fe y realmente no necesitamos ser ofensivos! Hebreos 4:12 nos dice: «Porque la palabra de Dios es viva y eficaz, y más cortante que toda espada de dos filos; y penetra hasta partir el alma y el espíritu, las coyunturas y los tuétanos, y discierne los pensamientos y las intenciones del corazón». Con una herramienta tan poderosa como la Palabra de Dios, podemos dejar que Él haga lo que sea necesario en la vida de una persona simplemente al compartir su Palabra.

No todos aman el evangelismo de confrontación, pero hay momentos en que podría ser adecuado, como cuando alguien trajo a una persona ebria a mi iglesia local. Fue durante un servicio nocturno al cual asistimos, ya que nuestro horario estaba libre esa noche. Estábamos en el medio del servicio de adoración y yo estaba con los ojos cerrados, enfocado en la adoración, cuando alguien me tocó el hombro. Levanté la vista y un querido amigo de la iglesia me pidió que lo acompañara para ayudar a una persona que estaba con ellos. No estaba seguro qué esperar, pero lo seguí hasta donde estaban en el santuario. Me dijo que habían encontrado al hombre acostado boca abajo a un lado del camino y que lo habían levantado para llevarlo a la iglesia. Me presenté al hombre y le pregunté su nombre, y al mismo tiempo noté el alcohol en su aliento.

Sabía que este no sería un caso en que hablar sobre la fe surgiría mientras tomáramos un café. El Espíritu Santo parecía revelarme que necesitaba ir al grano con este hombre. Entonces, le pregunté: «¿Cómo es tu relación con Dios?».

Él dijo: «Bueno, no sé».

Le dije: «Necesitas arreglar las cosas con el Señor. Debes pedir a Jesucristo que entre en tu corazón y sea el líder y Señor de tu vida».

Él dijo: «Lo sé. Solo necesito limpiarme primero».

Respondí a su excusa, y le dije: «Tú no puedes limpiarte lo suficiente como para estar bien con Dios. Él murió en una cruz por ti y ese perdón es gratis. ¿Te gustaría tenerlo ahora?».

El dijo que sí."

Entonces, oré por él en ese momento. Felizmente, el Espíritu Santo me dio un impulso de fe cuando estaba hablando con ese hombre. Sé que el denuedo de esa conversación no vino de mí, sino de la presencia del Espíritu Santo en esa situación.

Podrías decir: «Bueno, estaba intoxicado y probablemente no se salvó realmente». Mi respuesta a eso es que yo no soy el juez. Solo traté de seguir el impulso del Espíritu Santo y hablar con franqueza con este hombre acerca de arreglar su vida con Dios. Ese fue el «señuelo» que utilicé, si disculpan la analogía. Solo Dios sabe lo que sucedió dentro del corazón de este hombre.

Los verdaderos pescadores tienen una idea de lo que podría y lo que no podría resultar. Sus años de experiencia solo los perfeccionan para discernir cuál podría ser el mejor señuelo en esa situación. Del mismo modo, compartir su fe con los demás también será más fácil con el tiempo, aunque es posible que siempre sienta algo de nerviosismo cuando esté listo para dar el primer paso. Felizmente, el cristiano tiene un beneficio adicional que los pescadores regulares no tienen. Tenemos un Ayudante divino en el Espíritu Santo, a quien le encanta ayudarnos a desarrollar sensibilidad hacia Su dirección y mostrarnos el enfoque adecuado con diversas personas y situaciones, si solo lo escuchamos.

El anzuelo

Cuando va de pesca con un señuelo o cebo fresco, debe tener en cuenta el anzuelo. Sin un anzuelo, el pez simplemente tragaría el señuelo o el cebo y la pesca sería un fracaso. Es muy difícil pescar sin anzuelo. El anzuelo está hecho con una púa o una serie de púas en el extremo del gancho para evitar que se salga una vez que el pez ha picado. Si alguna vez el anzuelo se ha incrustado tan profundo en su piel que las púas también quedan atrapadas, generalmente tendrá que empujar el anzuelo a través de la piel y cortar la punta con un cortador de alambre, lo cual no es una experiencia feliz en la vida de nadie.

Eso me recuerda la vez que mi hermano menor se enojó conmigo. Cuando tenía unos doce o trece años, estaba nadando con algunos de mis hermanos en el arroyo no muy lejos de nuestra casa. Mi hermano menor pensó que era un buen momento para ir a pescar y no estaba contento de que estuviéramos nadando en su lugar de pesca. No estoy seguro qué provocó sus acciones, pero en un momento me golpeó con su caña de pescar. Estaba pescando con esos gusanos de plástico que normalmente tienen tres anzuelos. ¡Cuando balanceó esa caña de pescar, los tres anzuelos se clavaron en mi espalda! Soltó la caña y corrió a casa, porque sabía que yo estaba bastante enojado en ese momento. Felizmente, las púas no penetraron tan profundo, y mi hermana pudo sacar los anzuelos. Todo eso para decir, ¡los anzuelos fabricados son dolorosos!

En el evangelismo, cada vez que decidimos convertir a la gente por manipulación y otros métodos de coerción de nuestra fabricación, el resultado de la experiencia generalmente no es una auténtica conversión. Lo maravilloso de los anzuelos espirituales de Dios es que no duelen. De hecho, el anzuelo de Dios tiene tal atractivo que a menudo no podemos resistir su invitación. La Palabra de Dios tiene vida y solo necesitamos soltarla para ver lo que Dios puede hacer. Las Escrituras contienen las palabras correctas y el anzuelo correcto que atraerá la atención de las personas y despertará el anhelo de una relación restaurada con Cristo.

Como dijo Jesús en Juan 12:32: «Y yo, si fuere levantado de la tierra, a todos atraeré a mí mismo». Hay algo acerca de Jesucristo que engancha a una persona o cautiva la atención. Se puede usar un anzuelo en la pesca, para colgar algo en la pared o para hacer algo que atraiga la atención de las personas. Las canciones tienen una especie de gancho, o una letra pegajosa, que se nos graba en la memoria. Algunas formas de literatura tienen un gancho que parece tan sencillo, pero que recordamos cada vez que escuchamos una determinada palabra o historia. La Palabra de Dios contiene ese tipo de gancho, algo que nos acerca a la persona llamada Jesucristo. A veces, lo más atrayente del cristianismo es la conducta de los seguidores de Cristo.

El pez

Según el Catálogo de peces de la Academia de Ciencias de California, «el número de especies válidas de peces es 34.815».[110] De solo pensar en tantos peces me duele la cabeza, pero puede estar seguro que no todos comen lo mismo. Todos son diferentes y sus ciclos de vida son únicos.

Los peces son como los seres humanos en muchos sentidos. Les gusta comer y disfrutar de la sombra cuando hace calor. Es por eso que los peces más grandes parecen estar alrededor de pilares o árboles caídos, donde pueden encontrar la mejor sombra y alimento. Los peces también desconfían de cualquier cosa fuera de lo común. Cuando era joven, una de las primeras cosas que aprendí de mi primo Dick fue evitar los lugares donde el sol estuviera a mis espaldas porque la sombra de mi cuerpo se proyectaría sobre el agua. Si puedes ver tu sombra, el pez también puede. Del mismo modo, hablar sobre cualquier tema que provoque ansiedad hace huir a las personas, ¡como hablar sobre la fe de una persona! A veces, debemos ser directos al hablar sobre el Evangelio, sin embargo también hay momentos en que el enfoque conversacional resulta mejor. Independientemente del método, todas las personas, y los peces, son diferentes, por lo que debemos ser sensibles a la dirección del Espíritu Santo para guiarnos en el uso del enfoque correcto.

Cuando piensa en todos los niños de su escuela con los que creció, puede recordar que había muchas personalidades. Algunos eran los atletas, algunos eran los populares y carismáticos, algunos eran los inteligentes y un poco excéntricos, y algunos simplemente eran los comunes y corrientes. Cada uno de nosotros es diferente, gracias a Dios, y eso significa que muchos pasamos por diferentes experiencias en la vida. Como todos somos únicos, tenemos nuestros propios intereses y habilidades en los que parecemos dotados. ¡Incluso tenemos gustos diferentes! Algunas personas

---

110 http://researcharchive.calacademy.org/research/ichthyology/catalog/SpeciesByFamily.asp. Consultado el 27 de julio, 2018.

aman la comida italiana, otras la comida con sabor latino, y aún otras disfrutan la comida alemana, polaca, india u otras comidas de diversas culturas.

Si hay tantas personas que disfrutan de tantos tipos diversos de alimentos, ¿no cree que esas mismas personas también valoran los diversos enfoques en la conversación, especialmente si se trata de temas delicados? Es por eso que un solo estilo de alcance o de evangelismo— nuestro anzuelo y señuelo, dicho en lenguaje de pescador—, no llegará a todos. Cuando trabajaba como mecánico, a veces necesitaba herramientas especiales para solucionar ciertos problemas. Esas herramientas especiales me daban acceso a áreas que, de lo contrario, me habría demorado mucho en arreglar. Así también, tenemos diferentes enfoques para el evangelismo porque a veces Dios quiere usar una forma muy singular para llegar a cierto grupo de personas.

Hablamos de evangelismo relacional o a través de la amistad que consiste en establecer una relación o amistad de confianza para que cuando se dé el momento podamos compartir temas delicados como la fe y la religión. Tenemos evangelismo de confrontación cuando sencillamente debemos ser más directos en nuestro enfoque, por ejemplo en una situación de emergencia o cuando alguien enfrenta una experiencia que le cambia la vida. Incluso hay países en que el ministerio podría ser un gran riesgo porque la persona podría ser asesinada por lo que cree o dice.

El evangelismo intelectual es más bien un enfoque de apología, o defensa del Evangelio. Aquí es donde las personas que son aventajadas en el ámbito académico utilizan el razonamiento lógico, los hechos y las pruebas históricas para corroborar las Escrituras. Participan en debates en los establecimientos universitarios o en cualquier otro lugar, todas son oportunidades de presentar las verdades de las Escrituras.

Hemos creado otros nombres para este tipo de evangelismo, como evangelismo conversacional, donde surgen estratégicamente los temas que permiten la presentación del Evangelio. O el evangelismo del cuestionamiento, en el que se hacen preguntas estratégicas para guiar la conversación a los aspectos espirituales de la vida que se pueden analizar.

El verdadero motivo no es el engaño, es un deseo sincero de compartir las maravillosas verdades de las Escrituras con quienes no conocen a Jesús, y ayudarlos a escapar del juicio venidero.

Por lo tanto, use varios cebos para ver qué da resultado y qué no. No se desanime ni deje el asunto cuando algo no resulte; sencillamente cambie la táctica o su señuelo. Continúe aprendiendo diversas formas de compartir la esperanza que hay en su vida y reconozca sus errores cuando los cometa. Las personas son mucho más pacientes cuando ven que aquellos que están tratando de compartir su fe lo hacen con un corazón de amor y compasión por ellos, no solo por el éxito de obtener otro converso.

La ayuda puede ser útil

Cuando tenía alrededor de cinco o seis años, papá nos llevó a todos a pescar. Me dieron un poco del hígado que papá usaba para cebar el anzuelo con que pescaba bagre. Tenía un bobber que flotaba sobre el agua para que mi cebo no se fuera al fondo del lago y que me permitía ver cuando un pez tragaba el pedazo de hígado. Recuerdo estar de rodillas sosteniendo mi caña de pescar mientras papá fue alrededor del lago tratando de ayudar a mis otros hermanos y hermanas. No recuerdo lo que estaba pensando cuando estaba arrodillado junto a la orilla del lago, pero sí recuerdo claramente que algo agarró mi cebo y trató de huir.

Sostuve con todas las fuerzas que tenía esa caña de pescar y le grité a mi padre que viniera a ayudarme. Aparentemente, el pez era tan grande (sin exagerar) que comenzó a arrastrarme lentamente hacia el agua. El hecho de que estaba arrodillado en un banco de fango tampoco era de mucha ayuda. Por alguna razón, no podía pararme, ¡pero estaba resuelto a no soltar esa caña de pescar! Cuando mi padre finalmente llegó a donde estaba arrodillado, caminando en vez de correr como yo quería, tuvo que halar ese bagre hasta la playa. ¡Dijo que era el pescado más grande que había atrapado en ese lago, lo que me hizo sentir muy bien frente a mis hermanos y hermanas!

Necesité ayuda ese día para llevar mi bagre a la orilla, y a veces necesitamos algo de ayuda espiritual en nuestro evangelismo o en nuestros esfuerzos para cosechar el fruto que Dios nos da. Jesús conocía los desafíos que enfrentarían sus discípulos al compartir el mensaje del Evangelio, y también tomó medidas para ayudarlos. Al final del capítulo 9 de Lucas, Jesús comienza a compartir con sus discípulos sobre el precio de seguirlo. Luego, en el capítulo 10, versículo 1, Lucas nos dice que Jesús «designó a otros setenta, a quienes envió de dos en dos delante de él a toda ciudad y lugar adonde él había de ir». En Marcos 6:7 se nos dice que Jesús «llamó a los doce, y comenzó a enviarlos de dos en dos; y les dio autoridad sobre los espíritus inmundos». En Mateo 18, Jesús habla de la importancia de rendir cuentas, y después en el versículo 19 dice: «Otra vez os digo, que si dos de vosotros se pusieren de acuerdo en la tierra sobre cualquier cosa que pidieren, les será hecho por mi Padre que está en los cielos». Había una razón por la cual Jesús envió a sus discípulos de dos en dos: para que cada uno fuera responsable ante el otro, para que se animaran uno al otro y para trabajaran de común acuerdo.

A veces, como en la pesca, disfrutamos pasar tiempo a solas. Pero hay ocasiones, cuando vamos tras los peces más grandes o una mayor cantidad de peces, en que ¡necesitamos un equipo! Así como cuando atrapé ese bagre enorme y necesité la ayuda de mi padre para llevarlo a la orilla, hay momentos en que necesitamos ayuda en nuestros esfuerzos de evangelismo. Hay muchas personas que no están interesadas en escuchar acerca de la esperanza que hay en nosotros, pero hay algunos que están parados en el borde del precipicio de la eternidad y Dios cuenta con que usted y yo escucharemos esa suave voz de Dios y obedeceremos. Él anhela que «instemos a tiempo» (2 Timoteo 4:2), para presentar una palabra de esperanza y aliento a alguien que necesita saber que Dios realmente lo ama y se preocupa por él o ella. Me encantan las palabras de Pablo a Timoteo en su segunda carta (4:1–2, NVI),

> En presencia de Dios y de Cristo Jesús, que ha de venir en su reino y que juzgará a los vivos y a los muertos, te doy este solemne

> encargo: Predica la Palabra; persiste en hacerlo, sea o no sea oportuno; corrige, reprende y anima con mucha paciencia, sin dejar de enseñar.

El mensaje en palabras sencillas y contar con ayuda cuando sea necesario, son claves para la evangelización efectiva y los esfuerzos de alcance a quienes no conocen a Cristo, lo que ayuda a eliminar las frustraciones que pueden surgir cuando hacemos algo más complejo de lo necesario.

Prepárese para ser bendecido

El Señor me enseñó una valiosa lección cuando estaba ayudando con un alcance comunitario en el área de Nueva Orleans un año durante Mardi Gras. Nuestro grupo se había reunido en un vecindario en particular para organizar una entrega de ropa, ofrecer música de adoración y almuerzo gratis. Cocinamos hamburguesas y salchichas para la comida y, antes de eso, nuestros equipos se separaron para ir de puerta en puerta y repartir volantes, invitando a la gente a disfrutar del evento gratuito en su vecindario.

Después de un tiempo, por alguna razón, me fui solo para ver si podía encontrar algunas otras personas que se unieran a nosotros para la comida gratis, el obsequio de ropa y el tiempo de adoración. En una casa, conocí a Monroe, que tenía una cicatriz en la parte superior de la cabeza, de una oreja a la otra. Tenía algunos problemas para hablar, pero después de que le pregunté si había algo por lo que pudiera orar con él, comenzó a bendecirme. Me contó que veía a cierto predicador de televisión todas las mañanas, leía su Biblia y oraba por sus vecinos.

Monroe comenzó a orar por mí, y no pude contener el llanto porque con su oración parecía que tocaba el cielo. Me quedé allí con este hombre gigante de la fe, muchos tal vez habrían pensado que necesitaba ayuda, pero yo recibí algo que el dinero no puede comprar. Todo ese día anduve absorto en la presencia de Dios, mientras procuraba que mis manos y mis pies fueran las manos y los pies de Jesús. Charlamos un poco más después y lo invité al alcance. Mientras iba de regreso a la zona de extensión, sentí como si el Espíritu Santo me susurrara: «Mira, pensaste que habías venido aquí a ministrar a estas personas, pero yo los usé a ellos para ministra a tu vida». El Señor me recordó que solo estaba buscando un vaso dispuesto, uno que pudiera usar, y bendecir en el momento más inesperado.

Pescar tesoros en el cielo

Lanzar una caña de pescar es simple y llanamente un arte. Al igual que en otros deportes, hay consejos y trucos para lanzar el señuelo a donde debe ir. En el baloncesto, hay que saber cuándo soltar la pelota cuando se lanza a la canasta. En el béisbol, es necesario saber cuándo soltar la pelota cuando la lanzamos a otra persona o la arrojamos a un bateador. Como el mariscal de campo en un equipo de fútbol, debe saber cuándo lanzar la pelota para que vaya al receptor previsto. Así también, en la pesca, el lanzamiento es una de las técnicas más importantes que una persona debe aprender. Ayuda al pescador a apuntar el señuelo, o cebo, adonde debe ir para atrapar el pez.

Incluso cuando conoces el arte del lanzamiento, se necesita mucha práctica para dominar una técnica en particular. Y como con cualquier técnica, encontrará que una le gusta más que otras, y que algunas le resultarán más fáciles de realizar que otras. Cuando era joven, solo tenía una caña de bambú con una línea, un bobber que flotaba sobre el agua y cebo vivo, generalmente gusanos o saltamontes. El lanzamiento era bastante sencillo. Simplemente arrojaba línea al agua y esperaba hasta que ese bobber comenzaba a agitarse. Ahora, con todos los diferentes tipos de cañas de pescar, el arte de lanzamiento ha evolucionado.

Al hacer un breve estudio, descubrí que hay seis técnicas básicas de lanzamiento con caña que tienen un único fin: llevar el señuelo o la carnada hacia donde están los peces. Para los principiantes, está el lanzamiento básico por arriba, el lanzamiento por el lado (menos salpicadura) y el lanzamiento de caída, que es muy parecido a lo que se practicaba en los viejos tiempos de la pesca con caña de madera. Para los pescadores más avanzados está el *pitch*, el *flip* y el *skip*. Todos estos son adecuados en circunstancias específicas. La realidad es que un pescador utilizará cualquier técnica que sea necesaria, ya sea que tenga un nombre o no, cuando se trata de colocar ese cebo donde un pez pueda obtenerlo.

La misma analogía del lanzamiento puede usarse al presenciar o compartir con alguien a través de conversaciones de fe las cosas maravillosas que Dios ha hecho en su vida. No puedo recordar cuántas veces escuché a alguien decir: «El evangelismo no es mi don». Pero he notado que casi todos pueden hablar, lo que significa que cada cristiano puede decir algo bueno sobre su fe si el tema surge en una conversación.

Sinceramente, creo que los cristianos nos recriminamos demasiado. Y como pensamos que no estamos a la altura de cómo debe ser un «evangelista» de Jesucristo, simplemente nos rendimos y no hacemos nada. El evangelista Luis Palau ha compartido en más de una ocasión que el evangelismo «no es una opción» para quienes se identifican como cristianos. En realidad debe ser parte de nuestra vida diaria. Dios nunca quiso que hablar de nuestra fe fuera algo difícil. ¿Ha habido personas que han sufrido y han sido perseguidas por su fe? ¡Sin lugar a dudas! En el mundo occidental no vemos esto a menudo, pero sucede en muchas partes del mundo.

Dicho esto, hay muchas ocasiones en que Dios aparentemente nos saca de nuestra comodidad para compartir una palabra oportuna con alguien que busca desesperadamente respuestas a los problemas de la vida. Literalmente podríamos pensar que es aterrador decir algo positivo acerca de nuestra experiencia de fe a una persona que no conocemos y no sabemos cómo responderá. Sin embargo, el Dr. George G. Hunter III destaca un punto válido sobre esto:

> Después de todo, es más probable que las personas sientan la revelación que es mediada a través de nosotros cuando perciben

nuestra incomodidad; y cuando sienten que nos preocupamos lo suficiente como para experimentar la incomodidad mientras los ayudamos, es más probable que respondan.[111]

Entonces, quizás la pregunta que deberíamos hacernos es: «¿Amo lo suficiente a esta persona como para ofrecerle esperanza al hablar de la bondad de Dios en mi vida?». Le pido a Dios que usted pueda responder sí a esa pregunta y le pida a Dios más oportunidades para hablar de Él con sus seres queridos.

Use su propia expresión artística

Puedo reconocer fácilmente que hablar de la fe parece una expresión artística. Algunas personas parecen tener siempre una respuesta preparada y están siempre alerta a compartir su fe en las situaciones más embarazosas. Esas personas se energizan con encuentros que les permiten testificar persona a persona. Sin embargo, esa no parece ser la típica expresión artística que la mayoría de los cristianos prefiere.

Al igual que en los lanzamientos, hay maneras de presentar la fe que pueden ser más atractivas para el mensajero que otras técnicas. Solo porque a usted no le gusta una manera de presentar el evangelio, no ignore las demás. Algunos cristianos disfrutan a fondo un debate informado e inteligente sobre las verdades del cristianismo. Si usted es esa persona, bienvenido al enfoque más intelectual de presentar su fe. Algunos cristianos parecen dotados para hacer las preguntas correctas en el momento adecuado, un enfoque más inquisitivo. Las preguntas permiten que el no creyente discierna por sí mismo por qué el cristianismo podría ser un camino de fe legítimo a considerar.

---

111 George G. Hunter III, *The Apostolic Congregation: Church Growth Reconceived for A New Generation* (Nashville, TN: Abingdon, 2009), 122.

A la mayoría de los cristianos le encanta tener comunión con amigos y familiares y estaría más que feliz de responder una seria pregunta sobre su fe si alguien se las presenta. Debo agregar que está bien decirle a la persona que no tiene la respuesta, ¡pero que indagará acerca del asunto! No necesitamos sentir que debemos tener todas las respuestas antes de iniciar una conversación sobre temas de fe, no es una expectativa razonable. La gente debe saber que luchamos como todos los demás seres humanos, pero que tenemos un defensor maravilloso de nuestro lado. La Biblia habla de todas las áreas de la vida y no necesitamos mantener esto como un secreto.

La capacidad de escuchar también parece tener un gran impacto en las personas y deja espacio para que se siembre la semilla del Evangelio cuando se presenta una oportunidad. Como cristianos, solo nuestra presencia, o tal vez la presencia del Espíritu Santo en nosotros, puede mover a las personas a compartir ciertos desafíos en la vida. Como dije antes, el evangelismo puede ser tan sencillo como preguntar: «¿Has estado orando por ese asunto?», cuando un amigo habla sobre decisiones difíciles o problemas en su vida. Es una pregunta muy inocente que no solo lo ayudará a ver dónde se encuentra la persona espiritualmente, sino que también le brindará la oportunidad de responder con sinceridad, como: «Lamento mucho enterarme de esto. Oraré específicamente por esta situación. ¿Te parece bien que agregue esta necesidad a la lista de oración de nuestra iglesia?». Si se muestran que no están seguros, solo diga que no se preocupen, pero que usted los mantendrá en su oración, quieran o no porque son sus amigos.

Hay tantas maneras de mostrar y comunicar nuestra fe a los demás que la cantidad de «técnicas» es ilimitada. Solo necesita pedirle al Espíritu Santo que lo dirija en esas situaciones. Parte de compartir nuestra fe es orar por oportunidades y luego esperar que el Espíritu Santo guíe nuestros pasos, técnicas y palabras para compartir. ¡Usted puede hacerlo! Simplemente implica iniciar conversaciones en las que haya un nivel de comodidad y confianza que permita sembrar semillas con nuestra experiencia de fe; esto puede ser de ayuda a alguien más.

Entonces, tome su caña de pescar espiritual y comience a hacer sus lanzamientos…, sí, estoy bromeando, pero la realidad es que usted ya está equipado con las técnicas necesarias si cree en Jesucristo y le ha pedido que sea el Señor y líder de su vida. Con solo unos pocos pasajes de las Escrituras y un corazón que realmente se preocupa por sus amigos, familiares y conocidos, puede comenzar a tener conversaciones espirituales. Estas son sencillas discusiones que abren la oportunidad de sembrar semillas de fe mientras conversa y así cambiar la vida de una persona para la eternidad.

Ese horrible musgo

El musgo era uno de los desafíos más frustrantes de la pesca cuando era niño. Si nunca ha ido de pesca, imagine un lago tranquilo y resplandeciente como el cristal, pero pronto ve algo que ha crecido en la orilla a medida que uno se acerca al agua. Es oscuro, verde y espeso. Cada vez que lanza la línea y comienza a enrollarla con el señuelo en la punta, todo está bien hasta que está cerca de la orilla. Entonces, de repente, parece que el señuelo queda atrapado en un poco de musgo verde, ¡sí, musgo! Me hace pensar en una vez que atrapé una tortuga mordedora. Sentí como que había enganchado un tronco en el fondo del lago y que había encontrado un tesoro en la profundidad, ¡lamentablemente estaba equivocado! Menos mal que la tortuga mordedora rompió la línea antes de llegar a la orilla. Aunque hay algunos que consideran a la tortuga como un manjar, para mí, cae en la misma categoría que el musgo, los troncos en el fondo del lago, las garrapatas y las niguas.

El musgo crece de muchas formas, la más reconocible para muchos que nunca crecieron en un entorno rural son las algas. Si alguna vez ha ido a la playa, es posible que vio algunas algas que llegaban a la orilla en algún momento. El musgo es muy parecido, ya que es una vegetación verde que crece en las reservas de agua dulce como lagos, estanques, arroyos, etc.

Cuando era pequeño, siempre pensé que el musgo se parecía mucho a las espinacas o las verduras cocidas, lo que pudo haber sido la causa de mi aversión a esa maravillosa verdura en mis primeros años de vida. Felizmente, hay una gran diferencia entre el olor a musgo y a espinacas cocidas, que he llegado a amar con los años. Ahora, espero con mucho gusto mi gran porción de espinacas cocidas, o cualquier tipo de verduras (arúgulas, acelgas y nabos), aunque todavía evito el musgo siempre que es posible. El agua del lago y el musgo con olor a pescado me desagrada por alguna razón.

Lo más desafiante del musgo es que puede ser muy difícil recobrar el señuelo, lo cual es peligroso para un niño. No tenemos paciencia para la tediosa tarea de limpiar los señuelos después de que han quedado atrapados en el musgo, ¡solo queremos pescar! Ese musgo a veces es viscoso y se adhiere con firmeza al señuelo, es como tratar de quitarle una chuleta de cerdo a un perro hambriento; es imposible. El musgo no se desprenderá del anzuelo por sí mismo; uno mismo tiene que hacer la limpieza.

La razón de limpiar el señuelo se debe a que los peces conocen todo acerca del musgo. De hecho, ¡les encanta! Es el lugar donde se ocultan y se alimentan de otras criaturas que se esconden en él. Estoy seguro que les encanta jugar a las escondidas con otros peces en su refugio de musgo. En otras palabras, ¿qué más hay para hacer en una relajada tarde de domingo?

Una cosa es cierta, los peces no serán atraídos a comer un gusano o un señuelo que tenga musgo. Ellos saben cómo es un gusano, insecto, mosca o insecto normal. Cuando era niño, mi técnica para limpiar el musgo de mi gusano de plástico era golpeándolo en el suelo para soltar la mayor parte del musgo adherido. Resultaba, pero siempre quedaba un poco de musgo, y nunca pude atrapar un pez con un señuelo que todavía tenía musgo. Entonces, si quería tener la más mínima posibilidad de atrapar un pez, debía limpiar la más mínima partícula de musgo.

En la vida de un cristiano, el pecado se asemeja al musgo. Cuando tratamos de compartir nuestra fe con los demás y nuestra relación con Dios no es la debida, el musgo en nuestra vida pone una barrera entre la bondad del Evangelio y aquellos que lo necesitan. Después de veinte años en el ministerio, he visto muchas cosas que no son evidencia de la obra de Dios en la Iglesia. Pero la realidad es que todos somos seres humanos en un mundo caído que hacemos nuestro mejor esfuerzo para vivir para Cristo. Las Escrituras nos dicen que este mundo no es nuestro hogar eterno (1 Pedro 2:11–12), y cuando lleguemos a ese hogar celestial, seremos perfectos. Pero hasta entonces, seguimos luchando para vivir en santidad.

Esta no es una excusa para que hagamos lo que nuestra carnalidad nos indique mientras estemos en esta vida, es mas bien un desafío para que consideremos que nuestras acciones hablan más elocuentemente que nuestras palabras. De hecho, muchas veces he pedido perdón a personas que han sido heridas por la Iglesia y por los creyentes. No somos perfectos, pero si no nos cuidamos, ¡el musgo del pecado en nuestra propia vida puede ser un impedimento para nuestra capacidad de compartir la increíble historia de lo que Dios ha hecho en nuestra vida!

Las Escrituras nos dicen que todos debemos tomar nuestra cruz cada día (Lucas 9:23), por lo tanto nadie debería señalar a otros, sino que debemos tomar con seriedad la exhortación a eliminar diariamente ese horrible musgo en nuestra vida. Dios quiere usar su historia para hablar a la vida de alguien que necesita escuchar del poder transformador que hay en una relación con Cristo. ¡Nadie puede borrar su historia y espero que esté tan emocionado como yo con la hermosa posibilidad de compartirla!

SU TAREA:

1. Dedique un tiempo cada día a pedir a Dios que le revele cualquier partícula de musgo (pecado) que pueda está adherida a su vida. Hágalo durante su viaje matutino al trabajo en el tren, el autobús o mientras conduce su auto.
2. Piense en sus habilidades para la «pesca». ¿En qué áreas de su vida ha visto a Dios hacer algunas cosas asombrosas que podría compartir si sugiera la oportunidad en una conversación? ¿Qué preguntas puede hacerle a un amigo que pueda llevar la conversación a estos temas?
3. Piense en los diversos estilos de evangelismo (lanzamiento) y enumere mentalmente uno o dos de sus estilos más fuertes: confrontación, intelectual, relacional, etc.
4. Haga una lista de algunas actividades o situaciones en las que estos estilos de evangelismo podrían «naturalmente» entrar en juego. Me encanta «aprovechar mis puntos fuertes», como dice el refrán, pero a veces Dios realmente me saca de mi área de comodidad. ¿Cuál sería para usted el encuentro más incómodo? ¿Por qué? Es bueno tener una respuesta para no hacer ciertas cosas cuando algunas personas procuran manipularnos para que nos limitemos a ciertos modelos de evangelismo.
5. Mantenga una lista de los peces que Dios le ha permitido atraer a Su cosecha. Debemos celebrar cuando alguien llega al conocimiento del Señor ... ¡espero que usted lo haga!

MI LISTA DE ORACIÓN

Estoy orando por (esas personas que Dios ha puesto en su corazón y que posiblemente todavía no tienen una relación con Él, o personas por quienes Dios lo ha inquietado a orar):

____

____

____

____

____

____

____

____

____

____

____

____

____

____

CAPÍTULO 8

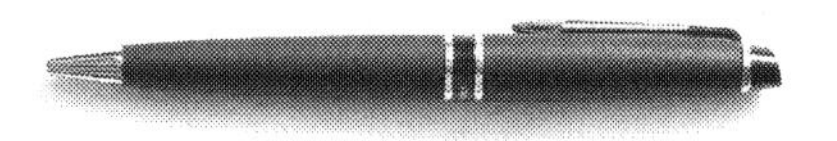

TRANSMITIR

Aprender a evangelizar es:

TRANSMITIR – Transmitir algunos aspectos de su experiencia de fe que incluye el mensaje del Evangelio.

No hay una forma única y correcta de compartir su fe, pero en algún momento, usted necesitará transmitir cómo una relación con Jesucristo ha impactado su vida. Esa oportunidad de compartir debe ser una combinación de la Palabra de Dios y su testimonio personal, o el testimonio de alguien que conoce si sus experiencias no se relacionan con la persona con quien está hablando. Dado que una de sus tareas en el capítulo seis fue escribir su testimonio (con las ideas adicionales en el capítulo diez), ahora está equipado para hablar con claridad a otros de lo que Dios ha hecho en su vida. Al escuchar y hacer una o dos preguntas, generalmente verá que se presenta una oportunidad de compartir su testimonio: lo que Dios ha hecho en su vida (1 Pedro 3:15). Incluso podría pedir permiso a la persona para compartir lo que Dios ha hecho por usted. Nadie puede negar ni debatir su testimonio, así que asegúrese de escribirlo y saberlo de memoria. El uso de las Escrituras presentadas como preguntas («¿Sabía que la Palabra de Dios, la Biblia, dice en ...») ayudará a que las personas vean el plan de Dios y su sincero amor por ellos y sus seres queridos.

PASAJES DE LAS ESCRITURAS

Algunos pasajes de las Escrituras (NVI) que podría compartir son:

— Romanos 3:23 - *Pues todos han pecado y están privados de la gloria de Dios.*

- Billy Graham una vez dijo: «Pecado es cualquier pensamiento o acción que no satisface la voluntad de Dios». Todos tenemos una naturaleza pecaminosa.

— 1 Juan 5:17 dice que: *Toda maldad es pecado.*

- No podemos salvarnos nosotros mismos...y nadie puede salvarnos, solo Jesucristo. ¿Cómo?

— Romanos 5:8 - *Pero Dios muestra su amor por nosotros en esto: en que cuando todavía éramos pecadores, Cristo murió por nosotros.*

— Romanos 6:23 - *Porque la paga del pecado es muerte, mientras que la dádiva de Dios es vida eterna en Cristo Jesús, nuestro Señor.*

- Jesucristo estuvo dispuesto a pagar el precio por nuestro pecado porque Él era el único que podía hacerlo.

— Juan 3:16 - *Porque tanto amó Dios al mundo que dio a su Hijo unigénito, para que todo el que cree en él no se pierda, sino que tenga vida eterna.*

- Tal es el amor de Dios por ti que Él dejó que su Hijo muriera en tu lugar. Nosotros no merecíamos este don de la salvación...

— 2 Corintios 5:17 - *Por lo tanto, si alguno está en Cristo, es una nueva creación. ¡Lo viejo ha pasado, ha llegado lo nuevo!*

- ¿Quisieras experimentar esta nueva creación en tu vida?

— Romanos 10:13 - *...porque «todo el que invoque el nombre del Señor será salvo».*

- Cuando le pides a Jesús que perdone tus pecados y que sea el Señor de tu vida, ¡en ese momento eres salvo! Eso es lo que llamamos salvación y solo Dios puede proveerla, ¡nosotros no podemos ganarla!

¿QUÉ SIGNIFICA «SER SALVO»?

Ser *SALVO* es una expresión que incluso a los cristianos les es difícil definir. Mientras estamos aquí en la tierra, ser salvo significa que le hemos pedido a Dios que perdone nuestras malas acciones y que dirija nuestra vida. Al hacerlo, tenemos un defensor o ayudante en Jesucristo, que intercede por nosotros y que envió al Espíritu Santo para ayudarnos aquí en la tierra. Ser *SALVO* también significa que cuando muramos, pasaremos la eternidad en la presencia de Dios. La Escritura dice que «todos compareceremos ante el tribunal de Cristo» (Romanos 14:10). Ser salvo implica aceptar el perdón de Dios por nuestros pecados a través de la obra de Jesucristo en la cruz y pedirle que sea el Señor y líder de nuestra vida (Juan 14:6). Entonces, seremos libres o *SALVOS* de la condenación eterna o separación de Dios a la que están destinados aquellos que rechazan a Cristo. Recuerde que Romanos 6:23 declara que «la paga del pecado es muerte». Esa es una muerte espiritual que nos separa de Dios. Solo a través del sacrificio de Cristo en la cruz hay perdón y la restauración de una recta relación con Dios.

Después de compartir su testimonio y las Escrituras, es un buen momento para volver a preguntar, si aún no lo ha hecho: «¿Alguna vez ha tenido una experiencia así con Jesucristo?». Si la persona responde «No», puede preguntar: «¿Quisiera tenerla hoy?». Si evita la pregunta o responde de manera defensiva, no se preocupe, simplemente siga adelante y dígale que Dios lo ama y que simplemente lo movió a hablar con él o ella sobre su experiencia de fe. Pero, si responden «Sí», ofrézcale decir una breve oración con ellos y lea con la personas 2 Corintios 5:17. Las palabras exactas de la oración no son tan importantes: lo que importa es la intención del corazón.

Oración pidiendo salvación

Querido Jesús, aquí estoy. No soy perfecto; soy un pecador. Te pido que vengas a mi corazón y perdones mis pecados. Por favor sé el Señor de mi vida; y guíame cada día de mi vida. En el nombre de Jesús, Amén.

CRISTO EN ACCIÓN

Algunos de los siervos más selectos de Cristo son realmente siervos. ¿Qué quiero decir con esto? Muchos seguidores fieles de Jesucristo son extremadamente tímidos cuando se trata de iniciar conversaciones espontáneas con personas que ni siquiera conocen. Es por eso que el evangelismo como servicio surge como una poderosa vía para compartir el Evangelio. Muchas personas que nunca pensarían en conversar acerca de la experiencia de fe de un desconocido estarían dispuestos a pagar la cuenta de alguien que está detrás de ellos en la fila del restaurante o en un automóvil en un restaurante de comida rápida. El evangelista que se considera siervo no lo pensaría dos veces, si sintiera la tenue señal de Dios para pagar anónimamente la cuenta de una persona sentada en otra mesa del restaurante donde está cenando; pudiera ser que esa persona necesite algo de aliento. No pensaría si es conveniente o no ayudar a una persona mayor a cargar sus compras de supermercado o ayudar con una variedad de otras necesidades que se presenten.

¿Por qué presento estas ideas? Porque, durante demasiado tiempo, nos hemos destacado por solo pensar en lo que no hemos podido hacer. Necesitamos animarnos unos a otros en las pequeñas cosas que hacemos por el bien de la evangelización, como Pablo le dijo a los Tesalonicenses (1 Tesalonicenses 5:11). En vez de señalar nuestras deficiencias evangelísticas, debemos reconocer que algunos cristianos tienen más talento para el enfoque de confrontación, mientras que otros son más adecuados para estilos alternativos de evangelismo. La persona que vive un estilo de vida cristiano no tendrá que pedir constantemente disculpas por lo que hace. Sus obras visibles de bondad cristiana hacia los demás serán un mensaje para quienes observan. ¡Eso en sí mismo puede iniciar conversaciones! Cuando las personas notan lo que usted hace sin el interés de obtener algo a cambio, tal vez le pregunten por qué lo hace. Algunos tal vez usen su teléfono inteligente para publicar sus acciones y presumir de ellas en las redes sociales. Así es como podría tener la oportunidad perfecta de compartir cómo Cristo ha transformado su vida y que solamente quería compartir algo del amor de Dios para que otros supieran que Él se preocupa por ellos. Esparcir la semilla del Evangelio no siempre se trata de hablar. A veces, lo que hacemos habla mucho más fuerte al corazón y la mente de aquellos que están luchando.

Los grupos juveniles han mostrado el evangelismo a través del servicio adoptando aulas y cuidando los patios de la escuela donde estudian para mostrar el amor de Cristo a través de acciones tangibles. Los parques y otras áreas públicas en la comunidad son grandes maneras de mostrar el amor de Dios a través de acciones en su propia ciudad. Steve Sjogren, quien escribió el excelente libro, *Conspiracy of Kindness* [Conspiración de bondad], afirma que el evangelismo a través del servicio es solo un método de evangelismo y que no siempre da resultado. Él dice: «Y como cualquier otro enfoque, simplemente no da resultado sin el patrocinio del Espíritu Santo, quien es el único verdadero evangelista».[112] Pero, como señala Steve, la mayoría de las personas recordarán más vívidamente haber sentido el amor de Dios a través de un acto de bondad que todas las palabras que alguien le habló sobre el amor de Dios. Entonces, no se avergüence de cómo comparte el amor de Dios... el solo hecho de que está tratando de compartir ese amor de la mejor manera que puede es un maravilloso reflejo de su decisión personal de evangelizar.

112 Steve Sjogren, *Conspiracy of Kindness*, 23.

VEAMOS CÓMO GUIAR A ALGUIEN A CRISTO

No toda forma evangelismo es igual. Como ya he dicho, hay diversos tipos o métodos de evangelismo. Algunos los han dividido en categorías como: confrontación, cuestionamiento, intelectual, testimonio, interpersonal, relacional, conversacional, por invitación, evento y servicio. Es posible que haya muchos otros métodos, pero lo principal es que todos debemos ser sinceros y auténticos. No importa cuál sea el método que usemos, esa debe ser la mejor manera de comunicar nuestra propia experiencia de fe.

No importa qué estilo usemos, debemos saturar el proceso de oración. Mark Mittelberg declaró en su libro *Becoming A Contagious Church* [Seamos una iglesia contagiosa]: «Si queremos ser cristianos contagiosos y construir una iglesia contagiosa, la oración debe estar en la trama misma de todo lo que hacemos».[113] Dado que nos proponemos hacer los negocios de Dios y seguir Su mandato de llevar el Evangelio a todas las naciones, entonces necesitamos ser guiados por Él.

Dios nos ha llamado a «hacer discípulos» y lo hacemos manteniendo una visión o un enfoque de difundir la semilla del Evangelio. En Mateo 13, Jesús cuenta una parábola sobre la semilla y el sembrador. Una parábola es simplemente una historia que comunica un punto o una verdad general. En esta parábola, parte de la semilla que esparció el sembrador cayó a lo largo del camino, otra parte cayó en un lugar pedregoso, otra cayó entre espinos pero otra parte cayó en buen terreno. En los días de Jesús, los caminos solían ser senderos a través de los campos y la semilla caía al suelo y era pisoteada. Nuestro llamado es a esparcir la semilla en todo lugar y Dios es quien se ocupa de lo que sucede con la semilla. Esta parábola revela que no toda la semilla dará fruto, pero el lugar donde la semilla cae no es tan importante como la acción de esparcirla. La semilla siempre es

113 Mark Mittelberg, *Becoming A Contagious Church: Increase the Evangelistic Temperature in Your Church*, rev. ed. (Grand Rapids, MI: Zondervan, 2007), 23.

buena, y nunca se acabará, ¡así que siéntase libre de sembrar esa semilla del Evangelio con entusiasmo!

Como ya compartí en un capítulo anterior, cuando era un joven cristiano, realicé el curso de capacitación con Evangelismo Explosivo. Hay otros cursos de capacitación similares hoy que cumplen la función de mentores de evangelismo. Si somos sinceros con nosotros mismos, a veces solo necesitamos un poco de ayuda para poner en práctica el evangelismo. Si alguna vez tiene la oportunidad, lo animo a que aproveche algunos de los recursos estructurados que le proporciona herramientas sólidas para compartir su fe.

Personalmente, pensé que Evangelismo Explosivo era una excelente manera de aprender un esquema básico para ayudar a las personas a comprender y llegar a un punto en su vida donde podrían tomar la decisión de seguir a Cristo. No fue perfecto, pero le da a la persona una comprensión de los conceptos básicos del Evangelio. Todos tenemos diferente personalidad y experiencias, y esas son las cosas que completarán la manera en que presentamos el mensaje de Jesucristo. Quiero tomar los conceptos básicos de la capacitación sobre Evangelismo Explosivo y comentarlos aquí para ayudarnos a desarrollar algunas ideas sobre cómo podría ser este proceso. Pero primero, veamos un poco de su historia.

Evangelismo Explosivo

Evangelismo Explosivo es un programa de capacitación evangelística que se inició por primera vez en 1967 en la Iglesia Presbiteriana Coral Ridge en Fort Lauderdale, Florida, por el Dr. James Kennedy. Evolucionó debido a la educación cada vez más avanzada de los laicos de la iglesia, la monumental necesidad de compartir el Evangelio con una población cada vez mayor, y la comprensión de que el clero por sí solo no podía cumplir esa tarea.

El típico laico en la iglesia en ese momento, y probablemente todavía en gran parte hoy, creía que era trabajo del ministro salvar almas y hacer frente a las luchas espirituales. Aparentemente se pensaba que el evangelismo era el trabajo de un clero profesionalmente entrenado. Pero Jesús nos dio a todos la gran comisión en Mateo 28:18–20, y nos dice: «Id, y haced discípulos a todas las naciones ...». Todos tenemos la responsabilidad de compartir el Evangelio, y Evangelismo Explosivo fue diseñado para ayudarlo eliminar el temor de hacerlo.

El nivel uno del curso Evangelismo Explosivo es un programa de capacitación de dieciséis semanas que lleva al creyente laico típico de ser tímido e inseguro a ser un confiado mensajero del Evangelio. El programa se divide en unidades que se asignan semanalmente, con herramientas prácticas progresivas que le dicen cómo presentar el Evangelio a alguien de una manera que no sea amenazante. Los esquemas de los métodos de presentación, así como las Escrituras relacionadas, se deben memorizar en preparación para la presentación. Se envían grupos de tres personas, generalmente dos hombres y una mujer. Uno de estos tres será el líder del grupo y tendrá experiencia en el ministerio de alcance evangelístico. El líder iniciará las conversaciones y después gradualmente integrará a las demás personas a la presentación en el curso de las dieciséis semanas.

Al final de las dieciséis semanas, el líder del grupo dejará que los alumnos hagan la presentación completa. Este método de entrenamiento sigue un esquema básico de familiarizarse con la persona, la presentación del Evangelio, el compromiso del creyente y el seguimiento del nuevo creyente. En realidad, hay cuatro niveles de instrucción que se pueden tomar en el programa de Evangelismo Explosivo, y todos estos forman el nivel uno del programa de dieciséis semanas.

Hay algunas críticas al programa de Evangelismo Explosivo. Dos de ellas son: el problema de que las personas se comprometan a dieciséis semanas de capacitación, y la otra es que esta capacitación solo pone un discurso preparado en mano de los testigos. Decir que nadie se comprometerá a dieciséis semanas de entrenamiento es un poco presuntuoso, porque el Señor realmente ha dado a algunos una carga por los perdidos. Las personas que están en el entrenamiento tienen reuniones de informes donde los testigos dan testimonio de sus experiencias, así como de los compromisos que se hicieron para la salvación. Esto no solo anima a los nuevos aprendices sino que también les da ideas que pueden usar en sus propias técnicas para testificar. Conforme mejoran su técnica, también pulen su presentación para que no suene como un discurso preparado, no importa cual sea la situación. A pesar de las críticas, las iglesias en todas partes del mundo que usan programas como Evangelismo Explosivo están cumpliendo la misión y el crecimiento de sus congregaciones lo refleja.

La necesidad de entrenamiento como Evangelismo Explosivo parece obvia. La mayoría de las organizaciones capacitan a individuos en el evangelismo personal y después los envían al campo sin herramientas para la aplicación práctica. Todos hemos escuchado el refrán de que es mejor enseñar a un niño a pescar que darle un pescado. Así también, es mejor enseñar a la gente cómo ganar almas que ganar todas las almas uno mismo. El factor de multiplicación de un entrenador que prepara a otras dos o tres personas, que a su vez entrenan a otras dos o tres personas, indudablemente está trayendo al pueblo de Dios al camino correcto. El Dr. Kennedy dice que la idea de testificar lo paralizaba, incluso después de haber tomado clases de evangelismo durante tres años. Él decía: «No fue hasta que alguien que sabía cómo (testificar) me llevó a visitar hogares que finalmente desarrollé la confianza para hacerlo yo mismo».[114] La capacitación de las personas en la iglesia para compartir el Evangelio abre la oportunidad para que aquellos que no tienen una relación con Jesucristo puedan tomar una decisión que les cambie la vida. Un programa como Evangelismo Explosivo es una excelente manera de poner en nuestras manos las herramientas que necesitamos.

114 D. James Kennedy, *Evangelism Explosion*, 3rd ed. (Wheaton, IL: Tyndale Publishing, 1983), 6.

Cómo abrir la puerta

Conforme ejercite su habilidad para testificar, habrá algunas ideas que podrá considerar. Cuando tratamos de iniciar conversaciones espirituales, a menudo necesitamos empezar en el ámbito de la vida secular de la persona: su trabajo, sus responsabilidades, su familia, etc. Estamos buscando un punto de conexión donde comenzar la conversación. También procure establecer una conexión que sea lo suficientemente fuerte que le permita, sea que lo solicite o de manera implícita, hacer preguntas personales como las que lee más abajo. Como mencionamos antes, un aspecto extremadamente importante de la conversación espiritual es escuchar. «Esto es muy importante en el evangelismo persona a persona. Hacer preguntas y realmente escuchar las respuestas. Luego, aplique adecuadamente el Evangelio a la situación de la persona».[115]

- «¿Estás contento con tu vida en este momento?»
- «¿Eres realmente feliz donde estás?»
- «¿Alguna vez has pensado en asuntos espirituales?»
- «Parece que en este momento necesitas un amigo»
- «¿Cuál es la cosa más difícil con la que luchas?»

También puede hablar del trasfondo religioso:

- «¿Vas a alguna iglesia?»

Puede mencionar algo increíble que ha sucedido en su iglesia:

- «¡Tuvimos un gran servicio anoche!»

Mi método favorito es compartir mi testimonio o el testimonio reciente de alguien de la iglesia:

- «¿Qué es lo más sorprendente que te ha sucedido en la vida? Para mí fue ... »

---

115 Greg Laurie, *Tell Someone: You Can Share the Good News*, (Nashville, TN: B&H Publishing, 2016), Kindle edition, location 927.

- **NOTA: Si todavía no ha escrito su testimonio, ¡debe hacerlo hoy! Vea más detalles en el Capítulo 10.**

Una vez que haya comenzado la conversación sobre temas de fe y sienta que el Espíritu Santo lo guía, haga una pregunta más profunda:

- «¿Has llegado a un punto en tu vida espiritual en que *tienes la seguridad* de que si murieras hoy irías al cielo?»
- Plantee esto de una manera más cercana, usando el nombre de la persona: «María, has llegado a un punto en tu vida ...»
- «Supongamos que murieras esta noche y estuvieras delante de Dios y Él te dijera: "¿Por qué debería dejarte entrar al cielo?" ¿Qué dirías?»
- Nuevamente, use el nombre de su interlocutor para hacer de esto una preocupación más personal.
- «Si algo terrible sucediera esta noche y tuvieras un accidente fatal, ¿sabes dónde pasarías la eternidad?»

Si no está sinceramente preocupado por el lugar de descanso eterno de la persona, no haga estas preguntas. La gente se dará cuenta si es sincero o si simplemente está tratando de conseguir algo. Sin embargo, si es realmente sincero cuando hace estas preguntas, la persona sabrá que su interés es auténtico y generalmente pasarán por alto la naturaleza incómoda de estas preguntas.

Si alguien responde una de esas últimas preguntas con: «Bueno, eso espero», es un buen momento para preguntar: «¿Quieres tener la seguridad?». Cuando tenga «permiso», comparta el maravilloso plan de Dios con la seguridad de que el Espíritu Santo lo ayudará, ¡quiera o no! A veces, cuando nos sentimos más ansiosos es cuando el Espíritu Santo está más cerca. He aquí algunos aspectos del Evangelio que podría compartir.

Consejos sabios para compartir el Evangelio

Entonces, ¿qué es este plan de salvación? Bueno, parece muy lógico concluir que si hay un Creador del universo todopoderoso, omnisciente y presente en todo lugar, debe haber tenido un plan. De hecho, la Escritura nos dice en Colosenses 1:16: «Porque en él fueron creadas todas las cosas, las que hay en los cielos y las que hay en la tierra, visibles e invisibles; sean tronos, sean dominios, sean principados, sean potestades; todo fue creado por medio de él y para él».

Todo ser humano necesita saber que Dios tuvo un plan original para su creación. Cuando hablo con las personas, me gusta recordarles que Dios tiene un gran plan para su vida; y si Dios tiene un gran plan para su vida, entonces es mucho mejor que el plan que ellos mismos tienen para su propia vida. ¡Nuestro Dios es grande! Solía pensar que Él era tan grande que no tenía tiempo para las minucias de mi pequeño mundo y sus problemas. Pero la realidad es todo lo contrario. Por ser Dios tan grande, conoce incluso los detalles más pequeños de tus sueños que nunca has compartido con nadie por temor a que no se cumplan; así de grande es tu Dios, un Dios lleno de gracia y misericordia.

La gracia es una palabra extraordinaria y un atributo maravilloso que necesito en mis relaciones personales y profesionales. Agradezco cuando las personas me muestran suficiente gracia que cuando cometo errores puedo aprender de ellos. Sin embargo, ese tipo de gracia es algo que tuve que ganar durante un largo período de tiempo. La gracia de Dios[116] a menudo se define como un favor inmerecido: no podemos ganarla ni trabajar para alcanzarla. En resumen, no la merecemos. Sin embargo la asombrosa gracia de Dios nos ha dado a todos un gran regalo eterno. Lo maravilloso de un regalo es que todo lo que se requiere es la capacidad de recibirlo. Si trabajamos para recibir un regalo, ¡ya no es un regalo! El cielo es un regalo de Dios para todos los que han aceptado a Jesucristo como Salvador y Señor de su vida. Es gratis porque Jesucristo ya pagó el precio por ella. Romanos 6:23 nos recuerda que aunque la «paga del pecado es

---

116 D. James Kennedy, *Evangelism Explosion*, 3rd ed. (Wheaton, IL: Tyndale Publishing, 1983), manual de entrenamiento, en las páginas 16–23 se incluye una breve presentación del Evangelio.

muerte», podemos estar seguros de que no tenemos que experimentar esa muerte porque «la dádiva de Dios es vida eterna en Cristo Jesús Señor nuestro».

Entonces, la vida eterna no se gana ni se merece, sino que ha sido reservada para toda la humanidad. Solo hay un problema: el pecado. De hecho, cuando se trata de la humanidad, todos nacemos con una naturaleza pecaminosa. Pecar significa errar el blanco. Una cierta paráfrasis de la Biblia expresa de manera interesante en Romanos 5:12-14 cómo a través del primer hombre, Adán, entró el pecado al mundo.

> Ya conocemos la historia de cómo Adán nos metió en el dilema en que nos encontramos: primero el pecado, después la muerte, y nadie está libre del pecado y de la muerte. El pecado obstaculizó la relación con Dios en todo y en todos, pero el alcance del obstáculo no estuvo claro hasta que Dios se lo explicó en detalle a Moisés. Entonces, la muerte, este enorme abismo que nos separa de Dios, dominó la historia desde Adán hasta Moisés. Incluso aquellos que no pecaron como lo hizo Adán al desobedecer un mandato específico de Dios, tuvieron que experimentar esta terminación de la vida, esta separación de Dios. Pero Adán, que nos metió en esto, también señala a Aquel que nos sacará de esto.

Entonces, la realidad es que todos somos pecadores. Romanos 3:23 dice: «por cuanto todos pecaron y están destituidos de la gloria de Dios». Además del hecho de que todos somos pecadores, no podemos salvarnos a nosotros mismos. El apóstol Pablo confirma esto en Efesios 2:8–9, «Porque por gracia sois salvos por medio de la fe; y esto no de vosotros, pues es don de Dios; no por obras para que nadie se gloríe». Es un regalo simple y sencillo. Ninguna discusión o esfuerzo cambiará eso, así que acéptelo como lo que es, un regalo maravilloso.

Otra cosa maravillosa sobre Dios es su misericordia. No se deleita en castigarnos. Sin embargo Dios también es justo, por lo tanto castiga el pecado. Romanos 6:23 dice: «Porque la paga del pecado es muerte, mas la dádiva de Dios es vida eterna en Cristo Jesús Señor nuestro». Por eso Dios envió a su Hijo, Jesucristo, a morir en una cruz por nosotros. De hecho, Juan 3:16 revela una gran verdad, Dios amó de tal manera a su creación que «dio a su Hijo unigénito» para soportar la crucifixión y la muerte en pago por los pecados del mundo.

Esto se debió al requisito del Antiguo Testamento de que los pecados deben ser expiados—el pago del perdón—con el derramamiento de sangre. El escritor de Hebreos nos ayuda a ver esto cuando habla de las funciones sacerdotales del Antiguo Testamento en Hebreos 9:21–22: «Y además de esto, roció también con la sangre el tabernáculo y todos los vasos del ministerio. Y casi todo es purificado, según la ley, con sangre; y sin derramamiento de sangre no se hace remisión». Hebreos 10:3–4 proclama una gran verdad: «Pero en estos sacrificios cada año se hace memoria de los pecados; porque la sangre de los toros y de los machos cabríos no puede quitar los pecados». ¡Qué carga tan pesada! Uno podía pagar por sus pecados, pero era imposible olvidar. Dios sabía que la humanidad no podía salvarse a sí misma, por lo que preparó un camino para el perdón a través del sacrificio de su Hijo unigénito. Debido a su gran sacrificio, encontramos perdón y ya no tenemos que recordar continuamente nuestros pecados. ¡Esa es la misericordia del tamaño de Dios! Cuando estamos en Cristo, todas las cosas son hechas nuevas (2 Corintios 5:17), porque Él pagó el precio de los pecados de una vez por todas.

¿Pero quién es este Cristo? Aquel que es plenamente Dios y plenamente hombre. Juan 1:1 nos dice: «En el principio era el Verbo, y el Verbo era con Dios, y el Verbo era Dios». Y más adelante en Juan 1:14, «Y aquel Verbo fue hecho carne, y habitó entre nosotros (y vimos su gloria, gloria como del unigénito del Padre), lleno de gracia y de verdad». Jesucristo fue el Hijo unigénito de Dios que pagó por nuestros pecados y compró un lugar en el cielo para nosotros, el cual nos ofrece como regalo.

Curiosamente, los regalos generalmente se planifican mucho antes de entregarlos. Entonces, hagamos un viaje en el tiempo al principio. Dios sabía que su creación necesitaría su guía, provisión y protección.

Las Escrituras a menudo se refieren a la creación de Dios como ovejas, un animal dependiente. Ezequiel 34:31 representa a Dios hablando de su nación escogida de Israel, pero el versículo se aplica a toda la creación de Dios: «Y vosotras, ovejas mías, ovejas de mi pasto, hombres sois, y yo vuestro Dios, dice Jehová el Señor». Y como ovejas, queríamos seguir nuestro propio rumbo. Isaías, el profeta del Antiguo Testamento, lo describe de la siguiente manera: «Todos nosotros nos descarriamos como ovejas, cada cual se apartó por su camino; mas Jehová cargó en él el pecado de todos nosotros» (Isaías 53:6). El apóstol Pablo arroja algo de luz sobre el significado de esto cuando declara en Romanos 5:8: «Mas Dios muestra su amor para con nosotros, en que siendo aún pecadores, Cristo murió por nosotros». A pesar de que todos tenemos la inclinación a seguir nuestro propio camino como lo describe Isaías, Cristo murió para restaurarnos a una correcta relación con Dios. Por eso la fe es tan importante.

Hebreos 11:1 nos dice: «Es, pues, la fe la certeza de lo que se espera, la convicción de lo que no se ve». Esto significa que la fe no es simplemente un acuerdo intelectual ni una clase de fe temporal. Es una fe continua que confía plenamente en Dios. Recuerde lo que dijo Pablo en Efesios 2:8: «Porque por gracia sois salvos ***por medio de la fe***; y esto no de vosotros, pues es don de Dios; no por obras, para que nadie se gloríe». [Énfasis añadido]

Esta fe de la que habla el apóstol Pablo es confiar solo en Jesucristo para nuestra salvación, o el don de Dios. Romanos 10:9 nos asegura claramente una verdad divina: «si confesares con tu boca que Jesús es el Señor, y creyeres en tu corazón que Dios le levantó de los muertos, serás salvo». Romanos 10:13 aclara aún más esta verdad: «porque todo aquel que invocare el nombre del Señor, será salvo». Es un simple reconocimiento que no requiere de mucho tiempo. Me encanta lo que Billy Graham dijo en su cruzada de 1957 cuando habló de cuánto tiempo le toma a Cristo cambiar el corazón del ser humano. Chasqueó los dedos y dijo: «Así de rápido». Es inmediato, pero tiene su base en la verdadera fe y creencia de una persona en Cristo como su Salvador personal y Señor.

El escritor de Hebreos 12:2 explica la razón de que cada persona necesita pedir a Jesucristo que sea el Señor de su vida y que perdone sus pecados. «Puestos los ojos en Jesús, el autor y consumador de la fe, el cual por el gozo puesto delante de él sufrió la cruz, menospreciando el oprobio, y se sentó a la diestra del trono de Dios». Como puede ver, todos ponemos a Jesucristo en la cruz. Solo Él soportó el dolor y el sufrimiento de la crucifixión y la tortura que la precedió como precio por la redención de los pecados del mundo entero.

Vivimos en un mundo caído. Por eso, incluso la mejor persona en un mundo caído aún no tiene acceso a un Dios perfecto. He escuchado a algunas personas decir: «Bueno, solo necesito limpiar un poco mi vida y luego volveré a la iglesia». Mi respuesta a eso es: «¿Cómo una persona caída, en un mundo caído, se limpia lo suficiente como para ganar el derecho de presentarse ante un Dios Santo, sin pecado, que creó el universo?». Tal cosa no tiene sentido. Simplemente no es posible que suceda de esa manera.

Cuando quiere saber si la persona con la que está hablando está lista para hacer un compromiso con Dios, pidiendo perdón por sus pecados y entregando su vida a Cristo, hay algunas preguntas que podría hacer. Podría preguntar: «¿Tiene sentido para usted todo esto que hemos conversado?». O, «¿Hay alguna razón que le impida invitar a Cristo a su corazón y disfrutar de su perdón en su vida?». Puede preguntar: «¿Le gustaría recibir este regalo gratuito de vida eterna del que habla la Biblia?».

Cualquiera que sea la respuesta, prepárese para profundizar su explicación y asegurarse de que la persona entiende que le está pidiendo a Jesucristo que lo perdone de sus pecados y que sea el Señor y líder de su vida. Como lo he expresado anteriormente, hay muchas maneras en que podemos orar, pero la sinceridad es el aspecto más importante de esa oración de invitación y compromiso. Otro ejemplo es:

> *Querido Jesús, aquí estoy. No soy perfecto. Soy un pecador y necesito un salvador. Te pido que me perdones porque soy un pecador. Quiero que seas el Señor de mi vida. Por favor, ven a mi corazón ahora*

mismo y ayúdame a vivir para ti todos los días de mi vida. En el nombre de Jesús, amén.

Un elemento clave que se debe tener en cuenta, si ha tenido el privilegio de orar con alguien, es ayudar al nuevo creyente a aferrarse a esta nueva fe. Un excelente pasaje bíblico para verificar su perdón y alentar la fe de un nuevo creyente es 2 Corintios 5:17: «De modo que si alguno está en Cristo, nueva criatura es; las cosas viejas pasaron; he aquí todas son hechas nuevas».

Seguimiento

Algo que nunca debemos descuidar después de guiar a una persona a Cristo es el seguimiento si es posible. Necesita obtener información de contacto o al menos darles su información de contacto e invitarlos a que lo llamen en los próximos días.

La información como seguimiento inmediato[117] puede incluir: darles una Biblia si no tienen una y compartir uno o más folletos de «primeros pasos» que podrían ser de ayuda para que el nuevo creyente cultive el hábito de un tiempo regular de lectura de la Biblia.

Otra área de seguimiento es la oración. Mantenga a esta persona en su lista de oración y también agréguela a la lista de oración de su iglesia, que el Espíritu Santo continúe su obra y proteja y guíe a este nuevo creyente en la dirección que sea de más utilidad para él o ella.

Si es posible, invite a este nuevo creyente a su iglesia y si responde a la invitación, siéntese con él o ella. Es de mucho valor para una persona contar con un amigo en un entorno desconocido. Testifique de lo que sucedió a los líderes de su iglesia y trabaje con ellos para que este nuevo

117 Kennedy, 135.

creyente participe en actividades de la iglesia, disfrute del compañerismo con los creyentes y comparta su testimonio.

Una palabra final…

¡No sienta que tiene que seguir cada paso que he comentado aquí! Está bien pasar por alto algunas de las sugerencias y aprovechar lo que siente que es pertinente o lo que el Espíritu Santo le muestra que debe compartir. En segundo lugar, como he mencionado antes, no imite a otra persona: usted es un ser único, y la autenticidad inspira confianza a los demás. Lo más importante: no se preocupe por el fruto, eso es obra de Dios. De todos modos, Él es el único ganador de almas.

SU TAREA:
Reflexión, intercambio y aplicación

1. Memorice los siete pasajes de las Escrituras que se han mencionado en este capítulo. Escoja uno cada semana y ubíquelo en lugares visibles en su casa y en su lugar de trabajo. Si sigue este ritmo, usted debería memorizar estas Escrituras en siete semanas. Es posible que la gente en el trabajo incluso le pregunte qué está haciendo y esa sería una gran oportunidad de conversar con ellos acerca de las cosas maravillosas que Dios ha hecho en su vida. Esa es la razón de que memorice algunos versículos importantes de las Escrituras. Como respuesta a la curiosidad de las personas, usted podría preguntarle a ellos: «¿Lees tú la Biblia?» y deje que Dios haga lo demás.
2. Escriba en sus propias palabras lo que significa para usted «ser salvo». Esto será de ayuda si alguien a quien da testimonio del evangelio le hace una pregunta difícil.
3. Piense cómo podría orar con una persona a quien le ha preguntado: «¿Hay algo que te impida pedirle a Jesucristo que venga a tu corazón?».
4. Ahora que está equipado con su testimonio y algunos excelentes pasajes de la Biblia, pídale a Dios oportunidades de presentar a alguien la esperanza que hay en usted. Escriba cómo siente que el Espíritu Santo lo está guiando.
5. Independientemente de la experiencia que haya tenido, cuéntele a alguien en su círculo de amigos o en su pequeño grupo lo que sucedió y pídales que le digan qué podría haber hecho de otra manera.
6. Independientemente de la experiencia que tenga al compartir su fe, dedique un momento para agradecer a Dios por haberle dado la oportunidad de sembrar la semilla del Evangelio. Usted ni siquiera imagina quién posiblemente escuchó el mensaje, así que no se desanime si las cosas no salen según lo planeado. Dios está a cargo y, de todos modos, Él es digno de recibir la gloria.

7. Recuerde, esta es la tarea que Dios ha encomendado a cada creyente. El solo hecho de que usted haya hecho el esfuerzo es un gran paso. ¡Felicitaciones!

CAPÍTULO 9

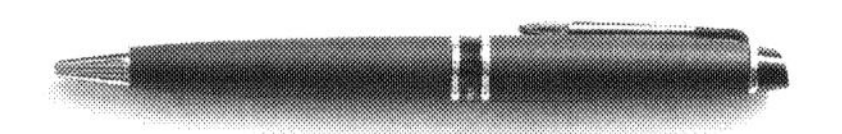

TRANSMITIR...VIVA COMO UN EMBAJADOR

Como cristianos, todos debemos entender la importancia de vivir la vida que exhortamos a otros a vivir. En resumen, debemos ser embajadores de Jesucristo y dejar que la luz de Cristo brille a través de nuestra vida como faro espiritual en un mundo lleno de tinieblas. Felizmente:

> «¡Ser embajador de Cristo realmente significa ser quienes ya somos en nuestro mejor momento o quien nos encantaría ser!». Cuando haya suficientes personas que descubran esto, se darán cuenta de que pueden ser la generación mejor preparada para cumplir la Gran Comisión. Cuando un buen número de creyentes descubramos esto, nuestras iglesias se convertirán en un movimiento irrefrenable.[118]

Cuando nuestra vida se asemeje a la de Cristo, otros se darán cuenta y nos darán oportunidades de hablar a su vida. Dios está obrando en nuestra vida (Filipenses 2:13) y Pablo nos anima en nuestro andar, para que seamos «irreprensibles y sencillos, hijos de Dios sin mancha en medio de una generación maligna y perversa, en medio de la cual [resplandecemos]

118 George G. Hunter III, *The Apostolic Congregation*, 83.

como luminares en el mundo» (Filipenses 2:15). Aunque las personas no se lo digan, muchos se sentirán inclinados a respetar a una persona que vive lo que enseña.

En el capítulo cinco de Mateo, Jesús presenta lo que conocemos como las «Bienaventuranzas» y comienza, diciendo: «Bienaventurados los pobres en espíritu ...» y enseguida presenta una lista de otros atributos que son bendición. Inmediatamente después de estos versículos, Jesús revela cómo sus seguidores son sal y luz para un mundo cuya relación con Dios no ha sido restaurada y que está destinado a perderse sin Él. En los versículos trece a dieciséis Jesús dice:

> [13] *Vosotros sois la sal de la tierra; pero si la sal se desvaneciere, ¿con qué será salada? No sirve más para nada, sino para ser echada fuera y hollada por los hombres.*
>
> [14] *Vosotros sois la luz del mundo; una ciudad asentada sobre un monte no se puede esconder.* [15] *Ni se enciende una luz y se pone debajo de un almud, sino sobre el candelero, y alumbra a todos los que están en casa.* [16] *Así alumbre vuestra luz delante de los hombres, para que vean vuestras buenas obras, y glorifiquen a vuestro Padre que está en los cielos.*

A veces, escuchamos la palabra «perdido» como referencia a alguien que no conoce a Cristo. Estar «perdido» no significa que una persona no sirva, sino que está tratando de seguir un camino menos que perfecto para su vida, como una oveja perdida. Las ovejas perdidas necesitan a alguien que las oriente y las guíe por los caminos correctos hacia la seguridad y el alimento. Como seguidores de Jesucristo, cada uno de nosotros ha sido llamado a ser sal y luz espiritual para aquellos que no conocen a Jesucristo.

Sé que a veces es difícil navegar por los mares de la vida. Sería genial si tuviéramos ese faro espiritual que siempre muestra el rumbo, siempre nos mostraría el camino correcto, siempre revelaría los obstáculos y peligros a nuestro alrededor. Pero yo no tengo un faro y usted tampoco lo tiene. Lo que el cristiano tiene es mucho mejor: «Otra vez Jesús les habló, diciendo: Yo soy la luz del mundo; el que me sigue, no andará en tinieblas, sino que tendrá la luz de la vida» (Juan 8:12). Dios no solo ilumina nuestro camino, sino que usa a las personas para que iluminen a otros y sean sus embajadores, instando al incrédulo a seguirlo. «Nadie vino a Cristo sin algún tipo de proclamación y persuasión. Hemos sido llamados a presentar las Buenas Nuevas para otros las acepten. Dios llama a las personas a través de personas, porque "somos embajadores en nombre de Cristo, como si Dios rogase por medio de nosotros; os rogamos en nombre de Cristo: Reconciliaos con Dios" (2 Corintios 5:20). Este es nuestro papel. Seamos obedientes».[119]

Hablando de faros, recuerdo un viaje misionero a Sudáfrica que hicimos como familia hace algunos años. Mientras estábamos en el país, tuvimos la oportunidad de ver Cabo Point, que es el punto más meridional de África. También fuimos al Cabo de Buena Esperanza, que es la parte más al suroeste de África. Felizmente, están a solo unos cinco minutos de distancia. Aunque no están muy distante uno del otro, ambos tienen sus propios puntos de observación. Sobre el acantilado en Cabo Point hay un faro. Está allí porque los océanos Índico y Atlántico se encuentran en el extremo sur de África, y los barcos necesitan la ayuda de un faro en esos mares a menudo agitados a lo largo de la costa rocosa.

El faro es una estructura interesante porque cumple dos importantes funciones: alerta a los marineros del peligro y también un edificación que brinda comodidad. Advierte al navegante de los lugares peligrosos, lo que permite que tome una decisión o cambie rumbo. Caroline Schoeder declaró: «Algunas personas cambian cuando ven la luz; otros,

119 Gary L. McIntosh, *Growing God's Church: How People Are Actually Coming To Faith Today* (Grand Rapids, MI: Baker Books, 2016), 63.

cuando sienten el calor».[120] ¡Creo que ella estaba hablando de mí! En mi experiencia personal, a veces necesito que el Señor me dé un golpecito en la cabeza para que ponga atención. Por alguna razón, generalmente cuando estoy extremadamente ocupado, es como si pasara por alto esos suaves toques del Espíritu Santo. Creo que si hubiera faros intermitentes, sirenas o si Dios me hablara en voz alta y estruendosa, me daría una señal mucho más fácil. ¿Alguna vez se ha sentido así?

¡Felizmente, el Señor quiere ayudarnos a cambiar de rumbo cuando es necesario y lo hace de la manera más inesperada! Él nos muestra esas cosas que no son buenas para nosotros y casi grita: «¡Oye! ¡Si vas en esa dirección, vas a enfrentar un gran problema!».

Además, un faro es comodidad. Lo asociamos con comodidad porque, como muchos de ustedes se dan cuenta, ¡es maravilloso saber dónde está y hacia dónde va! Cuando servía en el ejército, nuestro destacamento era trasladado a un lugar remoto, se nos entregaba una brújula y la siguiente instrucción: «Aquí tienen un mapa, ahora encuentren su camino a casa». Esa era una verdadera prueba de fe en los instrumentos y la habilidad de usarlos. Es bueno saber dónde uno está y cómo orientarse observando el paisaje donde se encuentra. Por eso es bueno tener un faro a la vista.

Mis pensamientos acerca de este tema me llevaron a considerar los faros espirituales y el papel del cristiano como representante de Cristo. Comencé a reflexionar sobre cómo podemos ser el tipo de faro espiritual que Dios quiere en la vida. En nuestra comunidad, nuestro lugar de trabajo o donde sea que nos encontremos. Como seguidores de Cristo, Dios nos ha llamado a vivir una vida que sea como un faro para otras personas. Una vida que proporciona dirección y consuelo al que está perdido y a quien busca un mejor camino. Y si usted quiere vivir una vida que sea como un faro para otros, es necesario que entienda dos verdades clave muy importantes.

120 Citas transformadoras en http://www.wiseoldsayings.com/people-changing-quotes/

UNA VIDA VISIBLE

El elemento correcto

La primera clave que usted debe entender es que ser faro para las personas significa que todos pueden ver su vida. Y si su vida va a ser así de visible, usted debe tener el elemento correcto. Thomas Edison descubrió esa realidad mientras realizaba sus experimentos que lo condujo a la creación de la bombilla de luz. Sin el elemento correcto, un faro es simplemente otro monumento histórico. En la comunidad donde vive, puede haber muchos lugares históricos: estatuas, monumentos y otros emblemas maravillosos que nos recuerdan nuestra historia, lo bueno y lo malo. Pero Dios quiere que usted y yo seamos faros espirituales vivos, para nuestro Señor. Él no está muerto; Él es un Dios vivo, que escucha y responde nuestras oraciones cuando lo llamamos.

En Mateo 5:13, Jesús nos compara con la sal, el cloruro de sodio, la sal de mesa común. A primera vista, pienso que no es un gran cumplido. No he escuchado a nadie que me haya dicho últimamente: «¡Vaya, te ves muy salado esta noche!» y me haya hecho sentir que acabo de recibir un gran cumplido. De hecho, alguien que es conocido como salado generalmente es un personaje bastante difícil. Pero, en los tiempos bíblicos, era una historia completamente diferente. Entonces, ¿para qué usamos sal hoy? La sal realza el sabor de nuestra comida. Si la usamos en la comida no es solo para agregar los lindos cristales blancos y pensar: «¡Vaya! ¡Eso sí que es decorativo!». Si fuera así, ¡voy a dejar que caiga nieve en mi plato de carne y papas! Pero en realidad, la sal produce un cambio en nuestra comida: le agrega sabor. ¡Esa es la diferencia! Me imagino que ya está empezando a formar esa imagen espiritual, ¿verdad?

En la antigüedad, la sal era conocida por sus cualidades conservantes[121] entre muchas otras características, tanto buenas como malas. La conservación de los alimentos fue uno de sus mejores usos. Sin sal, no había manera de conservar la carne durante un tiempo prolongado. Normalmente, las personas tenían que comprar productos alimenticios a diario ya que no había manera de evitar que se descompusieran. Los libros de historia nos dicen que en un momento había caravanas de hasta cuarenta mil camellos[122] con cargamento de sal que cruzaban el desierto del Sahara, ¡una carga muy valiosa! Aunque no puedo decir lo que usted piensa, a mi me cuesta imaginar en una caravana tan larga.

Yo mismo conocí el valor de la sal cuando era un niño que crecía en una granja. Faenábamos nuestros propios cerdos en invierno para alimentar a nuestra familia de diez. Cuando llegaba el momento de colgar el jamón y el tocino, se aplicaba una mezcla de sal y otras especias para evitar que la carne se echara a perder mientras se «curaba» en la casa de humo durante meses. De hecho, algunas fuentes dicen que la sal fue la piedra angular de la civilización moderna debido a los múltiples usos y su importancia en nuestra dieta diaria. No cabe duda de que la sal ha tenido un papel importante en la historia.

La palabra latina para sal es *salis*, que es la raíz de la palabra latina, *salarium*, que significa un pago en sal. A menudo, los empleados del gobierno recibirían su pago en sal.[123] Aquí también es donde obtenemos una de nuestras palabras favoritas: ¡salario! Ahora, ¿le gustaría que alguien condujera un camión tolva en reversa en la entrada a su garaje? Y que después sencillamente le dijera: «¡Oiga, solo quería hacer un pago inicial de lo que le debo!». Y enseguida descargara esa sal en la entrada a su

121 Leland Ryken et al., eds., *Dictionary of Biblical Imagery* (Downers Grove, IL: InterVarsity, 1998), s.v. «Salt.»

122 Para más información, léase «Salt Caravans,» at https://quatr.us/food-2/salt-caravans.htm

123 Para más lecturas acerca de la sal, visite https://www.seasalt.com/history-of-salt

garaje. De alguna manera, no creo que eso le entusiasme tanto como que alguien arrojara una carga de oro frente a su casa. ¡A mi me gusta la sal, pero prefiero el oro!

Apreciamos la sal cuando necesitamos despejar las aceras en un día de nieve, evitar que las carreteras se congelen o agregar un poco de sabor a nuestra comida, pero en nuestro tiempo, ese es nuestro aprecio por la sal. Sin embargo, en la antigüedad la sal era un producto extremadamente valioso. La sal también tenía excelentes usos bactericidas y, por lo tanto, cualidades conservantes.

Una característica interesante del sodio, un componente del cloruro de sodio o de la sal de mesa común, es que nunca se encuentra solo en lo natural. Siempre se encuentra con otro elemento. Un día el Espíritu Santo me mostró un interesante paralelo entre el sodio y nuestra relación con Dios. Como sabemos, Él nunca tuvo la intención de que estuviéramos solos en la vida. Dios siempre quiso estar con nosotros en esta travesía. De hecho, en Juan 1:4 leemos: «En él estaba la vida, y la vida era la luz de los hombres». En Cristo, hay luz mientras recorremos el camino de la vida. Jesucristo quiere ser tu eterno amigo. Estoy seguro de que hay muchas personas a las que les gustaría ser tu amigo o amiga toda la vida, pero Jesús es ese mejor amigo eterno que está más cerca, incluso más cerca que un hermano (Proverbios 18:24). Todos quisiéramos tener un amigo así.

Pero para que las personas tengan esa relación viva con Jesucristo, nosotros debemos tener una relación correcta con Él. Debemos dejar que Jesucristo tenga «acceso total» a cada área de nuestra vida. Muchos de nosotros dejaremos que Dios entre en nuestra vida hasta cierto punto, pero generalmente etiquetamos algunas áreas como «inaccesibles». Si no dejamos que Dios tenga acceso total, ¿por qué nos enojamos cuando sentimos que nos ha traicionado, engañado o que hemos perdido la comunicación con Él de alguna manera? Además, ¿cómo vamos a hablar a otros acerca de un Cristo que por temor no dejamos entrar en cada área de nuestra vida? Debemos llegar al momento en que podamos confiar que Dios siempre hará lo que es mejor para nosotros, solo entonces podremos hablar abiertamente de la bondad de Dios. Puede que no nos guste, no comprendamos o no disfrutemos algunos de los encuentros que tengamos en la vida, pero la fe nos asegura que Dios hará lo que es mejor.

Me gusta hablar con la gente sobre lo que sucede cuando Dios viene a su casa. Es parecido a la experiencia cuando un visitante viene a su casa. Nos gusta limpiar la parte delantera de la casa, pero hay ciertas habitaciones que no las abrimos a cualquier persona. No sé cuál es su experiencia, pero Nancy y yo nunca hemos pedido a alguien que visita nuestra casa que entre al armario donde guardamos los artículos de limpieza y que lo inspeccione. ¿O qué hay del dormitorio principal, el garaje o todas las habitaciones de los niños? No, estos son lugares que están cerrados a los visitantes. He estado en hogares donde podría asegurar que solo hay dos habitaciones accesibles: la sala de estar y el comedor, y «¡No, no necesitamos ayuda en la cocina!». Solo tenemos ciertos lugares en nuestro hogar que hemos limpiado y a los cuales permitimos el acceso de otras personas cuando vienen a visitarnos.

Del mismo modo, a menudo hacemos lo mismo en el ámbito espiritual. Decimos: «Dios, me alegra que hayas venido a ayudarme en el trabajo y en otras cosas importantes. Pero, ¿todos esos otros pequeños temores que tengo? ¿Y esos desafíos que tengo? ¿Y esos problemas que a veces hacen que tropiece? Puedes dejarlos porque yo mismo quiero lidiar con ellos». En esencia, le decimos a Dios: «No estoy realmente listo para que entres y me ayudes». Pero como embajadores, no podemos tener ese tipo de actitud hacia Aquel a quien representamos.

Dios quiere acceso a toda la casa, toda su casa espiritual. Él quiere todo nuestro ser. Él quiere tener esa relación íntima con nosotros. De hecho, en Juan 15:5, Jesús dice: «Yo soy la vid, vosotros los pámpanos; el que permanece en mí, y yo en él, éste lleva mucho fruto; porque separados de mí nada podéis hacer». Él quiere tener esa relación saludable con nosotros, y cuando la tengamos, podremos hacer todo tipo de cosas para el Reino de Dios que ni siquiera podemos imaginar, como tener conversaciones de fe. Pero Jesús nos dice, nada podrán hacer si yo no estoy con ustedes. Él no dice que no podremos vivir en este mundo si no tenemos una relación con Él. Obviamente, es posible que una persona se desenvuelva en esta vida sin Él, pero no podrá hacer nada de trascendencia eterna con Dios a menos que sea parte del cuerpo o la familia de Cristo.

De hecho, Jesús continúa en Juan 15:6: «El que en mí no permanece, será echado fuera como pámpano, y se secará; y los recogen, y los echan en el fuego, y arden». Jesús nos está diciendo a usted y a mí que la sal insípida y las ramas muertas son tratadas de la misma manera. Son desechadas. Van a la basura. Y si usted y yo no mantenemos una buena relación con Jesucristo, moriremos espiritualmente. Nos marchitaremos. Seremos echados a un lado y en el Día del Juicio seremos desechados. Nadie puede ser embajador si no tiene una relación o la autoridad que ostenta no cuenta con el respaldo de la persona que representa. Pero Jesús es ese bactericida en nuestra vida, si así quiere llamarlo. Él nos ayuda a usted y a mí a mantener nuestra sazón espiritual. ¡Hoy más que ayer yo quiero a Cristo en mi vida! Quiero estar tan lleno del Espíritu Santo de Dios, que su presencia desborde de mi vida y se derrame sobre quienes me rodean. ¡Espero que usted sienta lo mismo! Quiero que la gente me pregunte: «Hombre, ¿qué te pasa?». Entonces podré decir: «¡Oh, es maravilloso, hoy fui a la iglesia! ¡Deberías venir conmigo el próximo domingo!».

Todos sabemos que si la buena sal entra en contacto con algo, producirá un cambio. Como la luz que resplandece en un faro, pero es necesario tener el elemento correcto. Es por eso que usted y yo necesitamos a Jesucristo en nuestra vida. Con Cristo en nuestra vida, tendremos la autoridad y la relación para actuar de una manera poderosa que complazca a nuestro Padre celestial y que sea irreprochable en este mundo.

La ubicación correcta

No solo necesitamos tener el elemento correcto si planeamos tener una vida visible, también necesitamos la ubicación correcta. A menudo he notado que los faros son escasos cuando se viaja tierra adentro desde la línea costera en cualquier parte del mundo. En Dallas, Texas; Springfield, Missouri; Des Moines, Iowa; Frankfort, Alemania; Barcelona, España; Nairobi, Kenia; o cualquier otro lugar distante de la costa, rara vez se ve un faro a menos que sea solo para adorno. Simplemente no vemos faros reales a menos que estemos en la costa o en la región de los Grandes Lagos en los Estados Unidos. ¡Los faros están en lugares estratégicos! Jesús incluso nos recuerda en Mateo 5:14: «Vosotros sois la luz del mundo; una ciudad asentada sobre un monte no se puede esconder». ¿Qué nos dice esto hoy? Nos dice que un cristiano no puede esconderse, y usted no debería querer esconderse, porque Dios lo ha ubicado en un lugar estratégico para que la luz divina brille a través de su vida.

Recuerdo que cuando mi hija, Hannah, tenía alrededor de cinco años, jugábamos a las escondidas. Cuando regresaba a casa desde la oficina, tan pronto cruzaba el umbral, sabía que ella se estaba escondiendo. Entonces, mi objetivo era encontrarla tan pronto entrara a casa, porque sabía que ella quería que la encontrara. Tal vez te preguntas: «Bueno, Marshall, ¿cómo sabías que ella quería que la encontraras?». ¡Esa es una gran pregunta! Yo reconocía esos pequeños indicadores que me decían que Hannah quería la encontrara. Como, una pierna que asomaba detrás de la silla. O bien, los ojos que podía ver desde detrás de una puerta entreabierta. O, la risa que viene de detrás de la cortina de la ducha. Estos pequeños indicadores me confirmaban que Hannah quería que su papá la encontrara.

En nuestro tiempo, hay muchas personas en el mundo que quieren ser encontradas. De hecho, «el cristianismo enseña que las personas perdidas no pueden, por sí mismas, encontrar la vida que anhelan profundamente y para la cual están destinadas. Buscan la vida, pero en los lugares donde no la pueden encontrar. Las personas perdidas necesitan que alguien las encuentre; si queremos ir por ellas lo más probable es que las encontremos en su territorio y no en las iglesias!».[124] Con solo mirar el periódico podemos ver cómo la depresión y otros desafíos parecen estar aumentando sin límite de edad. Desde las escuelas primarias hasta los hogares para jubilados, las personas de nuestras comunidades buscan respuestas. A menudo seguimos el razonamiento secular de lo que se necesita para encontrar la felicidad, y los resultados, si los hay, son escasos y poco duraderos. Lo intenté durante casi quince años y simplemente no dio resultado, porque Dios tiene un lugar especial en la vida de cada ser humano que está reservado solo para Él.

Hoy quiero animarte. Dios te ha ubicado en un lugar estratégico porque eres una persona muy especial para Él. Nos ha puesto a cada uno de nosotros en lugares estratégicos para irradiar la luz de Jesucristo. Y sí entiendo que dónde estás seguramente es un entorno difícil. Puede ser confuso. Puede ser muy complicado. Puede ser tenebroso. Puede ser realmente desafiante. ¿Pero acaso no es allí donde se supone que debemos ubicar un faro? Ahora, no estoy abogando por que las personas mantengan una relación abusiva ni nada de eso. Es necesario encontrar ayuda que libere a la persona que recibe ese tipo de trato. Pero el hecho de que un lugar sea difícil no significa que no sea el lugar de Dios para usted. ¡Ahí es justamente donde debe haber un faro espiritual y el embajador de Cristo para lograr el cambio!

Cuando el Señor nos trasladó de Springfield, Missouri a Tyler, Texas, sentí como si las puertas del infierno se hubieran abierto de golpe. Parecía que el diablo estaba diciendo: «¡Oye, Marshall está libre, vamos a buscarlo!». Enfrentamos un desafío tras otro, tras otro. Yo pensé: «Dios, ¿sabes lo que estás haciendo? ¿Acaso tomé una decisión equivocada? ¿He tomado un giro equivocado? No. Dios necesitaba guerreros de oración justo donde estábamos viviendo. Dios quería llevarme a una relación más

124 George G. Hunter III, *Go: The Church's Main Purpose* (Nashville, TN: Abingdon, 2017), 83.

cercana con Él y enseñarme algunas lecciones espirituales importantes, porque quería que yo fuera una luz para la comunidad donde vivía.

Lamentablemente, muchos cristianos aceptan el pensamiento: «Bueno, realmente no hay mucho que yo pueda hacer. Quiero decir, ¿quién soy yo? Soy solo una persona». Pensamientos como ese me recuerdan una situación que sucedió hace muchos años en la que mi actitud similar a esa cambió por completo. Una de las actividades de recreación que solíamos hacer al comenzar nuestro ministerio era visitar lugares que eran del interés de nuestros hijos. La mayoría de esos lugares eran gratuitos. ¡Me encanta lo que es gratis! Y una de las cosas que nos gustaba hacer era visitar las cuevas naturales que se pueden encontrar en los parques estatales.

Ahora, cuando entras en una cueva, recorres los túneles y las cavernas, observando todas las formaciones que señala el guía. Eventualmente, te llevan a la última caverna o bóveda en la cueva, ¿y qué hacen cuando llegas a ese último lugar? Sí, apagan las luces y te dicen: «Bueno, solo queremos que veas lo que vieron los primeros exploradores cuando llegaron aquí». Después de haber visto tantas cuevas como nos sucede a nosotros, uno llega al punto en que ya sabe lo que va a suceder: «Está bien, las luces se apagan y no puedo ver mi mano delante de mi cara. Muchas gracias. Se encienden las luces. Compra la camiseta. Siguiente cueva». ¡Se nota que las experiencias no me conmovieron tanto como algunos esperarían!

Pero en una cueva en particular, llegamos a una gran caverna al final del recorrido. Y efectivamente, después de que se apagaron las luces, el guía dijo: «Ahora, quiero que experimenten lo que vieron los primeros exploradores cuando entraron en esta cueva». Pero a diferencia de otras cuevas que habíamos visitado, simplemente encendió un fósforo y lo levantó. Cuando levantó el cerillo, ¡pudimos ver el otro lado de esa caverna! Tal vez alguien diría, bueno, eso no es tan sorprendente. Pero la caverna en que estábamos era tan grande como un estadio de fútbol. ¡Era enorme! No podía creer que un solo cerillo pudiera iluminar esa inmensa caverna hasta el punto de poder ver la pared del fondo en el lado opuesto.

Cuando pensé en esa experiencia, recordé que la oscuridad es simplemente la ausencia de luz. Dios quiere que tú y yo seamos el faro justo donde vivimos. Dios hará lo que sea necesario. Él obrará a través de ti si lo dejas. Pero tú y yo debemos ser fieles para buscar esas citas divinas y compartir la esperanza que hay en nosotros cuando Dios nos da esa suave señal. Nunca pienses que no puedes hacer nada. Dios tiene mucho más que quiere que tú y yo hagamos, ¡todavía no lo sabemos!

Testificar de la esperanza que hay en nosotros es una de esas cosas que podemos hacer y que es un poco más fácil de lo que la mayoría de nosotros realmente cree. En Juan 1:6–7 leemos: «Hubo un hombre enviado de Dios, el cual se llamaba Juan. Este vino por testimonio, para que diese testimonio de la luz, a fin de que todos creyesen por él». Jesús está hablando de Juan el Bautista. En el idioma griego original del Nuevo Testamento, algunas variantes de esta palabra para dar testimonio o testificar pueden comunicar el significado de «hablar bien».[125]

Como cristianos, ¿cuántos de nosotros no tenemos testimonios de cosas buenas que Dios ha hecho en nuestra vida? ¡Nadie! Cada uno de nosotros debe tener algo bueno que decir acerca de cómo es nuestra vida desde que conocimos a Jesucristo. Dios nos está buscando a ti y a mí para que aceptemos el reto o lo defendamos, ¡para hablar bien de Él! Vengo de una familia de ocho hijos. Mis hermanos y hermanas me dieron muchos malos ratos cuando vivíamos todos juntos en casa de nuestros padres. Pero si alguien más nos hacía pasar un mal rato, ¡tendría que enfrentar a todo el clan Windsor! Irónicamente, he visitado la antigua ciudad donde nací y cuando alguien pregunta: «Eres un Windsor, ¿verdad?». En ese momento siento un repentino temor de que el recuerdo no sea agradable. Ninguno de nosotros era perfecto, así que he dejado de actuar así, ¡pero qué gran oportunidad para decir una buena palabra acerca del Señor! Entonces, puedo responder: «Así es, y probablemente probamos la paciencia de

---

125 «Martureo.» En *Shorter Lexicon of the Greek New Testament,* 2 ed. Rev. (Chicago, IL: University of Chicago Press, 1983), 122.

muchos en ese tiempo, pero el buen Señor y yo tenemos una mejor relación hoy. ¿Y usted? Después dejo que el Espíritu dirija la conversación.

Crecí en una comunidad pequeña que tenía los desafíos típicos de todas las comunidades pequeñas. Era uno de esos lugares donde pareciera que las personas están muy interesadas en los asuntos ajenos; y lo que no saben, simplemente lo inventan. Con los años, he notado que la mayoría de la gente tiende a estar de acuerdo en que las comunidades más pequeñas tienen algunas dinámicas peculiares, como una familia realmente numerosa. Pero la realidad es que habrá desafíos donde sea que vivamos. Nuestra familia prosperó en la comunidad local, pero siempre cuidamos uno del otro. De la misma manera, Dios está buscando personas que tomen su causa con seriedad, ¡así que prepárese para decir algo bueno sobre Él!

Dios es el autor de la salvación y es quien llevará al incrédulo a un punto de decisión. Él es quien cambia la vida de una persona. La decisión de salvación de alguien no depende necesariamente de cuán bien usted pueda presentar el Evangelio. Como la Palabra revela en Juan 1:6–7, es como si Dios dijera: «¿Por qué no te levantas y das testimonio de mí? ¿Por qué no les dices lo que Dios ha hecho en tu vida?». Todos podemos decir: «Él me cambió. Él me levantó». Greg Koukl lo dice con toda claridad: «Como embajadores, medimos nuestra legitimidad por la fidelidad y la obediencia a Cristo; es Él quien trae aumento. El indicador más importante de nuestro éxito no serán nuestros números, ni siquiera nuestro impacto, sino nuestra fidelidad a nuestro Salvador».[126]

Como todos podemos ver, nuestra vida puede proveer oportunidades para que otras personas cambien la suya. ¿Puedo decir eso una vez más? Nuestra vida puede proveer oportunidades para que otras personas cambien la suya. Dios quiere usar su vida. Él quiere que usted sea ese faro espiritual en su lugar de trabajo y en su comunidad, Él quiere que ayude a otras personas a ver su bondad. Dios quiere que seamos un faro visible.

---

126 Gregory Koukl, *Tactics*, 198.

Y si quiere ser visible, debe tener el elemento correcto y debe estar en la ubicación correcta. Debe estar donde Dios quiere ubicarlo, justo en el centro de su voluntad.

UNA VIDA VALIOSA

Le pertenece a Dios

Una clase de vida que irradia luz como un faro tiene que ser una vida visible; es una vida valiosa. Como embajadores de Cristo, estamos sujetos a su autoridad y tenemos una relación especial con Dios que ha sido comprada por Cristo mismo. De hecho, Pablo lleva esto un paso más allá en 1 Corintios 6:19–20: «¿O ignoráis que vuestro cuerpo es templo del Espíritu Santo, el cual está en vosotros, el cual tenéis de Dios, y que no sois vuestros? Porque habéis sido comprados por precio; glorificad, pues, a Dios en vuestro cuerpo». Cada uno de los hijos de Dios es valioso para Él, sea que usted lo quiera o no. Así como la construcción de un faro requiere de mucho dinero, se pagó un alto precio para que pudiéramos tener una recta relación con Dios. Jesucristo fue golpeado hasta quedar irreconocible y después fue clavado en una cruz para pagar el precio de la naturaleza pecaminosa con la que todos luchamos. Pagó un gran precio para ser la luz de los hombres (Juan 1:4).

En 2 Corintios 5:21, el apóstol Pablo le dijo a los corintios —y a nosotros hoy: «Al que no conoció pecado [hablando de Jesucristo], por nosotros lo hizo pecado, para que nosotros fuésemos hecho justicia de Dios en él». Usted y yo no tuvimos que hacer nada para ganar este regalo invaluable. Nuestro único esfuerzo fue reconocer nuestra naturaleza caída, pedir perdón y recibir este regalo gratuito de Dios, convirtiéndonos en la justicia de Dios en Él. Cuando dejamos que Jesucristo se convierta en señor y líder de nuestra vida, nos convertimos en la justicia de Dios porque asumimos la justicia de Cristo. Todo esto simplemente porque estamos en una recta relación con Jesucristo al aceptarlo como nuestro Salvador y Señor.

La salvación tuvo un alto precio para Dios, pero también la tuvo para nosotros. Porque, cuando dejamos que Jesucristo gobierne y reine en nuestra vida, Él nos llama a alejarnos de algunas cosas para ser el tipo de faro que Él desea. Personalmente, me alejé de fumar y ese no ha sido un gran dolor para mí. Me alejé de mascar tabaco y usar tabaco. Me alejé de beber cualquier cosa con alcohol y comencé a tratar a las mujeres con respeto. Incluso tuve que renunciar a algunos de mis amigos. No los dejé intencionalmente, simplemente se fueron. Se alejaron porque no les gustó el cambio en mí.

También hubo oportunidades de trabajo que no se materializaron debido a mi posición como cristiano. Cuando eso sucede, realmente creo que Dios siempre tiene algo mejor, porque como cristianos, tenemos a alguien que está a nuestro lado: un defensor. Hay un intercesor, llamado Jesucristo, que se presenta ante el Padre por todos los que lo han aceptado. ¡No importa dónde nos encontremos en la vida o los problemas por los que pasamos, hay alguien que está orando por nosotros! Jesús está de nuestro lado. Entonces, cuando las oportunidades de trabajo desaparezcan, mire hacia arriba porque Dios tiene algo o alguien grandioso, reservado para usted. ¡Entonces, deje que su luz siga brillando!

En Lucas 9:23, Jesús confirma el alto precio que significa: «Y decía a todos: Si alguno quiere venir en pos de mí, niéguese a sí mismo, tome su cruz cada día, y sígame». Eugene Peterson en la paráfrasis El Mensaje presenta la siguiente versión de este versículo:

> Cualquiera que tenga la intención de venir conmigo tiene que dejarme liderar. No estás en el asiento del conductor, yo sí. No huyas del sufrimiento; abrázalo. Sígueme y te mostraré cómo.

Tal es la bondad de Dios que nos mostrará cómo seguirlo si lo abrazamos a Él y a Su palabra. Obviamente, hay un costo para el discipulado, o un compromiso que se necesita para seguir a Cristo. Eso no llega de la noche a la mañana, sino a través de un proceso. Michael Green afirma acertadamente respecto al costo de seguir a Cristo: «Hay algo que ***reconocer***: alguien no tiene una relación viva con Dios y necesita estar bien con Él. Hay algo que ***creer***: Dios en Cristo ha hecho todo lo necesario para nuestra restauración. Hay algo a ***considerar***: el costo del discipulado. Hay algo que ***hacer***: llegar con fe y apropiarse personalmente del regalo ofrecido».[127] Dietrich Bonhoeffer ofrece una explicación más clara sobre el costo del discipulado: «Cuando Cristo llama a un hombre, le ordena que venga y muera».[128] Él quiso decir que todos debemos morir a nuestro egoísmo y debemos seguir al Cristo del Calvario, ¡algo realmente costoso!

¿Se alegra usted de que Jesús no nos haya engañado respecto al costo de seguirlo? Con toda sinceridad, Él dijo que quien lo siguiera, debía esperar lo mismo. Pero también dijo que estaría con nosotros, y las personas con las que interactúa todos los días necesitan escuchar eso. «Dios se complace en usar cristianos comunes que llegan al límite de la resistencia y deciden confiar en Su extraordinaria provisión».[129] Cuando nos negamos a nosotros mismos y confiamos en Cristo, veremos que ocurre lo milagroso: vidas cambiadas y la provisión divina. La gente de la comunidad, donde usted vive, trabaja, hace sus compras, va a la escuela, viaja en el tren subterráneo, hace sus transacciones bancarias, se corta el cabello; todos necesitan saber que Dios está a favor de ellos.

Las Escrituras nos exhortan a negarnos a nosotros mismos y a nuestro amor propio si queremos ver fruto espiritual, lo cual generalmente es necesario si vamos a reflejar la luz de Cristo en vez de nuestra propia luz,

---

127 Michael Green, *Sharing Your Faith With Family And Friends* (Grand Rapids, MI: Baker, 2005), 81.

128 Dietrich Bonhoeffer, *The Cost of Discipleship,* rev. ed. (New York: Macmillan, 1963), 99.

129 David Platt, *Radical: Taking Back Your Faith From The American Dream* (Colorado Springs, CO: Multnomah, 2010), 56.

que es mucho más tenue. Honestamente, eso no es algo natural para la mayoría de nosotros. Necesitamos el Espíritu Santo de Dios que mora en nosotros, que nos acerca a nuestro Padre celestial, que nos mueve al sacrificio. Todos disfrutamos la aceptación de los demás. No quiero que mis amigos se burlen de mí. Sin embargo, he llegado a un punto en que mi relación con Dios es más importante que cualquier otra cosa. Cuando esa relación es saludable, todo lo demás marcha bien.

En Mateo 5:15, Jesús dijo: «Ni se enciende una luz y se pone debajo de un almud, sino sobre el candelero, y alumbra a todos los que están en casa». Si nos escondemos en la iglesia o en nuestro hogar, nadie verá la luz. Dios no quiere que ocultemos la luz de Cristo en nuestra vida, Él quiere que salgamos a nuestras comunidades y seamos una bendición para los demás. Él quiere que compartamos esa luz de Cristo que tenemos en nosotros y que brille donde sea que nos encontremos.

¿Presumes de lo que estás orgulloso? ¿Qué te emociona? ¿Cuáles son esas cosas y personas que significan mucho para ti? Recuerdo mi primer auto cuando estaba joven. Era un Ford Galaxy 500 negro del 1964. A ese auto lo llamamos Black Beauty. Conducía siete millas hasta la ciudad porque quería recorrer la calle principal y mostrar mi auto, aunque luego en el camino de regreso a casa el motor se recalentara. ¡Eso nunca me molestó porque ese era mi auto! ¡Era mi bebé!

Mi padre compró ese auto para mis hermanas, quienes habían pedido un vehículo viejo con algunas abolladuras. Confesaron que si le ponían más abolladuras a nadie le importaría. En realidad, para ellas conducir no era tan importante como lo era para mí. Una de mis hermanas terminó conduciendo ese automóvil directamente dentro de una zanja, que dobló una barra de dirección (una vara de metal de casi 3 centímetros) y perforó el radiador. Después de lo cual, mi hermana declaró que no volvería a conducir. Como yo era tan amable [con mi nota de sarcasmo], le pregunté: «¿Me lo das?». De acuerdo, yo tenía solo quince años en ese momento, pero realmente quería un automóvil y estaba dispuesto a arreglarlo y esperar hasta que cumpliera dieciséis para conducirlo (en las carreteras oficiales). Para mi sorpresa, ¡dijeron que no les importaba!

¡Dije excelente! Así que soldé el agujero en el radiador y usé un martillo de diez libras para enderezar lo mejor que pude la barra de dirección. ¡Nadie me había informado que la barra de dirección no se puede enderezar! Luego, hice lo mejor que pude para alinear el extremo frontal hasta que consideré que estaba bien. Conduje ese auto dentro de la granja durante seis meses, hasta que cumplí los dieciséis años. Era mi carro. ¡Después conducía ese auto a la ciudad y recorría la calle principal porque quería que todos supieran que tenía un auto! Irónicamente, también fue el auto que usé para obtener mi licencia de conducir, en el tercer intento.

Realmente creo que Dios nos está haciendo una pregunta a usted y a mí: «¿Acaso no he hecho algo que sea digno de mención, de lo que puedan presumir ante los demás?». Dios quiere mostrarse fuerte en nuestro favor (2 Crónicas 16:9) y no nos pide que hagamos algo que es imposible. ¡Incluso está ahí para ayudarnos! Mateo 19:26 nos dice que «para Dios todo es posible». No hay nada que sea demasiado difícil para Dios. Desde la sanidad divina, a la provisión milagrosa, a la creación de oportunidades divinas donde podemos decir algo bueno sobre Él, incluso darnos las palabras que debemos decir, nuestro Padre celestial está obrando a favor de Sus hijos. Es por eso que un embajador de Cristo tiene el tipo de vida que se asemeja a un faro, que resulta ser una vida valiosa y que pertenece a Dios.

Es una vida efectiva

El tipo de vida que se asemeja a un faro tanto como un embajador de Cristo también es valioso porque es efectivo. En una relación con Jesucristo hay un poder que cambia. ¡Usted es un gran embajador porque ha experimentado el perdón! Sé que Dios me cambió y cómo se siente. Si nunca ha tenido esa experiencia transformadora con Cristo, puede tenerla hoy mismo. La manera de tener instantáneamente ese tipo de vida como un faro es pedir a Jesucristo que perdone sus pecados y que sea el Señor de su vida. Y la realidad es que esta es una decisión diaria para cada cristiano que quiere tener una vida efectiva en el Reino de Dios, mientras vivimos y nos movemos en nuestro cuerpo de «nueva criatura» (2 Corintios 5:17).

Ni un faro ni un embajador valen mucho si no son efectivos, si no prestan una utilidad. Un faro para ser efectivo debe tener una fuente de luz que esté en funcionamiento. Del mismo modo, Jesucristo debe ser la fuente de luz por excelencia en nosotros como embajadores suyos, porque Él es quien atrae a las personas. No es nuestra buena apariencia o nuestra impresionante personalidad lo que atrae a las personas a Cristo. Solo el Espíritu Santo puede atraer a los necesitados a Cristo. Colosenses 4:6 dice: «Sea vuestra palabra siempre con gracia, sazonada con sal, para que sepáis cómo debéis responder cada uno». Nuestras respuestas deben despertar en las personas el deseo de saciar su sed de Cristo. No es natural que comamos algo salado sin algo de beber. Es por eso que muchos establecimientos donde venden bebidas a menudo ofrecen muchos bocadillos salados. ¡Saben que esto hará que los clientes tengan sed!

Del mismo modo, nuestras conversaciones deberían hacer que las personas sientan sed del Espíritu Santo que mora en cada verdadero creyente. Pudiera ser que las personas que conocemos nos digan: «¿Qué te pasa?» o «¿Hay algo nuevo en tu vida?» o «Alguien que amas mucho acaba de fallecer, ¿cómo puedes tener tanta paz?» u «Oye, todos acabamos de perder nuestro trabajo, ¿por qué estás tan tranquilo? ¿Acaso no te preocupa?». Aunque usted mismo se sorprenda, podrá responder: «No, porque sirvo al Príncipe de Paz».

Una vez leí que los creyentes llenos de espíritu iluminan y proyectan las cosas como realmente son. Pero, ¿por qué debemos hacer eso? Nuestro pasaje de la Escritura, y más específicamente, Mateo 5:16, nos ayuda a ver que otras personas están observando nuestras acciones y verán nuestras «buenas» obras. Esa palabra en griego es *kala*, que literalmente significa bueno, mejor, apropiado, adecuado y correcto. La traducción Reina-Valera 1960 habla de las «buenas obras». Otras traducciones dicen, «buenas acciones». Esto significa que los cristianos deben definir la norma. No debemos engañar, mentir o robar en nuestro trato diario con los demás. No debemos reírnos de esos chistes de mal gusto que a veces se escuchan en nuestro lugar de trabajo. Debemos trabajar y ser un buen ejemplo para los demás. La razón de que debemos realizar esas buenas obras es para que otros las vean y anhelen más de Dios. Ellos necesitan ver que una vida piadosa es una vida bendecida y que bendice a los demás.

La realidad es que solo somos un conducto para el Señor. Un conducto es algo que encontramos en el edificio de una industria. Son las tuberías de metal que en su interior alojan los cables eléctricos que están conectados a cajas receptoras o generadoras en todo el edificio. Esa tubería o conducto proporciona protección y dirección para lo que está adentro. Como cristianos, somos sencillamente la rama espiritual en la crece el fruto de la vid. ¿Alguna vez ha visto a un árbol que come su propio fruto? Por supuesto no. El fruto es para alguien más. Alguien que no está conectado a la vid. Alguien que está afuera, si prefiere describirlo así. El fruto es para ellos: aquellos que no tienen un conocimiento del Señor Jesucristo como salvador. Y los cristianos tienen el privilegio, gracias a la presencia vivificante de Dios que fluye a través de sus hijos, de producir ese fruto para que otros sean bendecidos. Porque somos parte de la vid, podremos producir fruto... muchísimo fruto. ¡Que bendición!

Usted y yo no debemos acostumbrarnos a acumular las bendiciones de Dios y nunca compartirlas con otros. Cuando compartimos con otros lo que Dios nos ha dado, el fruto de Dios en nuestra vida mantiene su frescura. El Espíritu de Dios nos ayuda a vivir como eficaces embajadores de Cristo: faros espirituales que proyectan bendiciones en nuestras comunidades. Si deja un vaso de agua sobre un mueble de tu cocina durante dos semanas y tuviera la opción de beber agua de él o de beber agua fresca del grifo, ¿cuál elegiría? ¡Estoy seguro que preferiría el agua fresca! Dios quiere que usted y yo compartamos esa agua espiritual que da vida. Dios nos ha comisionado para que hablemos a otros de la revelación del Evangelio de Jesucristo, incluso si es solo por el testimonio visible de nuestras acciones.

Entonces, lo animo a que usted sea esa bendición para quienes necesitan a Dios, el embajador y el faro espiritual que sirve como conducto del Evangelio de Jesucristo, la esperanza del mundo. Ore que Dios lo dirija para llegar con una palabra amable a las personas a su alrededor que se encuentran en aguas peligrosas. Personas que viven en lugares oscuros y difíciles. Estas personas necesitan la luz que Cristo le ha confiado. Ellas han estado esperando, observando y buscando a alguien que tenga la respuesta a su condición de perdición. Así es como podemos describir lo que significa ser un embajador de Cristo y vivir como si fuéramos un faro para los que necesitan a Cristo. Mi oración es que usted se sienta identificado, y que sienta la protección de Dios.

Piense en esto

En 1869, el faro del Cabo Hatteras fue construido en Carolina del Norte. Todos lo conocían como el poste de la barbería de Carolina del Norte debido a un error de los ingenieros en la manera en que fue pintado; originalmente debió ser pintado con diamantes en vez de rayas. Sin embargo, durante más de cien años había advertido a los marineros de los peligrosos bancos de arena de Diamond Shoals que se extendían aproximadamente veintidós kilómetros mar adentro. El faro medía unos 69 metros de altura y tenía 268 escalones que llegaban a la cima. Estaba equipado con una luz que brillaba aproximadamente más de treinta y cinco kilómetros mar adentro. Pero en 1999, debido a la erosión, el faro fue trasladado aproximadamente un 1.6 kilómetros tierra adentro. Tiempo después, el faro fue convertido en un centro turístico; y hoy, ya no es un faro que presta la utilidad que originalmente tuvo en esa área.

Es interesante notar la dinámica que ocurre cuando nos movemos de donde Dios nos ha ubicado, cuando nuestra relación con Dios se vuelve distante. Como vasos, faros o embajadores, nos volvemos cada vez menos efectivos respecto al propósito para el cual Dios nos llamó. ¿Puedo preguntarle si ahora mismo está donde Dios quiere que esté en su relación con Él? ¿Se ha alejado del lugar al cual Dios lo llamó originalmente? ¿Se ha desviado en su relación con Jesucristo? ¿Ha permitido que otras cosas lo distraigan? Podemos ser verdaderamente efectivos en nuestro esfuerzo de compartir la esperanza que hay nosotros cuando nuestra relación con Dios es saludable.

Lamentablemente, con mucha facilidad podemos desviarnos de donde Dios realmente quiere que estemos en nuestra relación con Él. Recuerdo un servicio de domingo por la mañana en una pequeña iglesia rural al principio de nuestro ministerio, hace unos cuantos años. Cuando terminé de hablar, la gente se reunió para conversar y despedirse. Un caballero de mediana edad se me acercó después del servicio. No parecía ser un hombre excepcionalmente educado, y finalmente descubrí que ni siquiera tenía una educación secundaria. Sin embargo, me dijo: «Sabes Marshall. El Señor me mostró hace mucho tiempo, que si el diablo no puede hacer que peques, te mantendrá ocupado». En ese momento pensé, ¡qué joya de la sabiduría! Con mucha frecuencia, dejamos que muchas distracciones cautiven nuestra atención y comenzamos a desviarnos.

Este es un buen momento para que le preguntemos al Señor: «¿Estoy dónde quieres que esté en mi relación contigo? ¿Tengo una buena relación contigo? ¿He desplazado a Dios en mi vida? Señor, ¿me ayudarías a volver a donde quieres que esté? Es un privilegio maravilloso compartir la esperanza de Cristo que está dentro de cada cristiano. Pero debemos asegurarnos de que nuestra relación con Cristo sea saludable, porque solo Él puede ayudarnos a vivir verdaderamente una vida como faros del Señor.

SU TAREA:
Reflexión, intercambio y aplicación

1. Seleccione un día en que separará una o dos horas de su tiempo para alejarse de las distracciones con el fin de leer la Biblia, orar y poner atención a las señales de Dios sobre cómo podría cumplir su responsabilidad en el evangelismo. Incluso puede planificar esto como una actividad en grupo y la siguiente semana comentar algunas de las ideas que Dios le reveló.
2. Escriba sus pensamientos sobre el momento del día, los métodos y los recursos que puede incorporar a su tiempo devocional diario para la lectura de la Biblia y la oración. ¡Se sorprenderá con algunas de las geniales ideas que escriba! Comente con sus amigos cristianos o las personas de su grupo qué les parece útil.
3. Escriba sus ideas o comente con otros, cómo se vería una semilla del Evangelio mientras practica vivir una vida de faro en el evangelismo relacional.
4. Practique enumerar, encontrar y citar las Escrituras que sean relevantes para compartir el Evangelio con alguien. Puede comentar esto en un grupo o con un compañero o compañera. Hay diferentes opiniones sobre qué Escrituras memorizar, pero comience con Juan 3:16, Romanos 3:23, Romanos 6:23, Romanos 10: 9, o algunos de sus favoritos personales que quizás ya sepa de memoria.
5. Escriba en su diario de oración, comparta con su grupo o haga una nota mental de lo que podría hacer para mejorar sus habilidades de evangelismo el próximo año.

CAPÍTULO 10

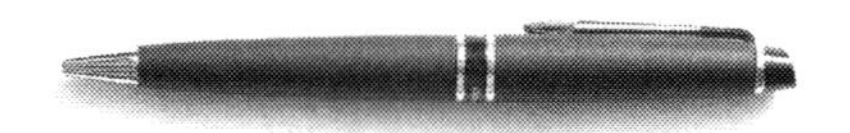

NUNCA RENUNCIE

Aprender a evangelizar es:

NUNCA RENUNCIAR – Nunca renuncie a la búsqueda de maneras de esparcir la semilla de la fe y la esperanza en Jesucristo.

La asociación de palabras es poderosa. Si yo digo «palomitas de maíz», usted de inmediato pensará en esas rosetas calientes y mantecosas que podemos consumir en grandes cantidades mientras miramos una película. Seguramente podrá oler las palomitas porque es un aroma apetitoso, y ¡cuánto más alguien habla de ello, tanto más querrá comerlas! Posiblemente se verá en la cocina de su casa preparando sus palomitas; escuchará el estallido de los granos de maíz que se abren ruidosamente por acción del calor, usted sacude el sartén y trata de mantener los granos en movimiento para evitar que se quemen. Finalmente al levantar la tapa del sartén, y bajo la nube de vapor están las hermosas y deliciosas rosetas de maíz, pero falta algo muy importante: agregar el saborizante preferido. Con solo escuchar una palabra encantadores pensamientos vienen a nuestra mente. Por cierto, mi hermana es la única persona que he conocido que dejó que las palomitas de maíz se quemaran y las llamas fundieron las perillas de la estufa, pero esa es otra historia. Si alguna vez comió palomitas que no estaban muy sabrosas, seguramente no dejó de comer palomitas de maíz, ¡simplemente pensó la próxima vez sabrán mucho mejor!

Sin embargo, cuando menciono la palabra evangelismo, a menudo lo asociamos con miedo, agresividad, intolerancia, arrogancia, insensibilidad, vergüenza, una gran cantidad de otras descripciones que no son muy agradables. «Los cristianos en general tienen miedo de usar la palabra *evangelismo*, ya que trae a la memoria a personas críticas, presentaciones forzadas, palabras extrañas y prácticas imprudentes como el proselitismo forzoso».[130] Pero, ¿qué pasaría si comenzáramos a asociar el evangelismo con la visión que Dios tiene de esa palabra: obediencia, cumplimiento, liberación, sanidad, sensibilidad, expiación, sacrificio, generoso, propósito, esperanza, amor, compasión, vida, héroe, amigo, familia, bondad u oportunidad? Cuando usted y yo somos obedientes y estamos preparados para compartir las maravillas que Dios ha hecho en nuestra vida, al presentarse la oportunidad, nos centraremos menos en nuestro temor o deficiencias y daremos más importancia a la necesidad de ayudar a alguien a encontrar respuestas, libertad, esperanza y todas las demás otras palabras que acabo de mencionar.

Por eso nunca debemos dejar de orar por oportunidades y estudiar para encontrar respuestas a las preguntas que la gente tiene hoy. Si alguna vez ha tenido una mala experiencia al compartir la fe, al igual que las palomitas de maíz que se queman, espere otras oportunidades. Recuerde la maravillosa experiencia de ver que alguien cruza esa línea de fe y le pide a Jesucristo que sea el Señor de su vida. La persona que no tiene a Cristo necesita las Buenas Noticias, y Dios quiere que usted y yo respondamos a su llamado para anunciarlas.

Trabaje constantemente en su testimonio

Cuando tengo mi testimonio en forma escrita, puedo pensar en diferentes estrategias para usar partes de él si solo tengo sesenta segundos, un par de

130 Gary L. McIntosh, *Growing God's Church*, 20.

minutos o una hora mientras comparto un café con la persona. Ese es un objetivo por el cual debe trabajar. Nunca deje de orar por oportunidades para practicar su habilidad para compartir o perfeccionar su testimonio para ver cómo puede incluir partes de él en sus conversaciones cotidianas. Prepárese para preguntarle a alguien: «¿Qué es lo más sorprendente que te ha sucedido?». Luego, después de que la persona ha compartido su historia, usted puede compartir la suya. A continuación leerá parte de mi testimonio.

Mi testimonio

Nací en una familia de clase media en el hospital Baylor en Dallas, Texas a las 4:54 de la mañana del verano de 1961. ¡Estoy seguro de que a las 4:54 de la mañana mi madre estaba lista para que yo saliera! No recuerdo mucho acerca de esos primeros años, excepto que nos mudamos a Fort Worth cuando tenía unos cuatro años. Comencé la escuela como la mayoría de los niños, a los cinco años de edad. Pero cuando cumplí seis años, ya tenía mi propia bicicleta Stingray con un asiento tipo banana en la que iba a la escuela. Me sentía muy orgulloso con ella. Hoy no es muy común que los niños de seis años vayan a la escuela en bicicleta, pero en la década de los 60 era un transporte bastante común para los niños de la ciudad. Ese lugar fue mi mundo hasta que cumplí los ocho años. Papá decidió que había demasiado crimen y nos mudamos a una zona rural, ¡literalmente a una granja!

Aprendí mucho en la granja y desarrollé una buena ética de trabajo. Descubrí que los pollos tienen una orden de picotear, lo cual era bastante obvio al ver pollos que le faltaban más plumas que otros. Aprendí que se puede ir solo hasta un cierto punto cuando se trata de limpiar el estiércol en la pesebrera de los caballos. Créame cuando le digo, ¡a veces puede ser bastante profundo! En mi primer trabajo gané un extravagante sueldo de veinticinco centavos por hora. Pero hasta un niño de ocho años de edad tiene límites cuando se trata de trabajo y pago. Después del primer día de limpieza de los puestos de caballos, le pedí un aumento a papá, ¡y lo obtuve! Al día siguiente comencé a cincuenta centavos por hora y me gané cada centavo. Aprendí a acarrear heno, ordeñar vacas y asegurarme de que el ganado fuera alimentado antes de yo mismo poder comer. Esa era una vida bastante normal en la granja, pero muy diferente de lo que había vivido en la ciudad.

Realmente no sabía mucho sobre Dios o Jesús en ese momento, pero asistía a la iglesia junto con mis padres y mis siete hermanos. El verano que cumplí diez años mi vida cambió. Fui al campamento de música Windermere con el grupo de nuestra iglesia, y durante uno de los servicios nocturnos, el Espíritu Santo tocó mi vida. Estaba sentado cerca del frente y no recuerdo mucho de lo que el predicador dijo. Pero, cuando hizo la invitación para que reconciliáramos nuestra vida con Dios, supe que debía responder. Estaba llorando y cuando un consejero me preguntó la razón, no sabía explicar por qué, pero finalmente indagó un poco más y descubrió que yo necesitaba aceptar a Jesucristo como salvador. Recuerdo claramente que cuando finalizó el servicio, salí de la capilla y sentí que caminaba en el aire. ¡Fue una experiencia increíble que no he olvidado después de todos estos años!

Terminó el campamento y cuando volví a casa, comencé a leer mi Biblia con una nueva hambre de conocer a Dios. Lamentablemente, comencé en el Antiguo Testamento con la determinación de leer toda la Biblia a la edad de diez años. Solo llegué a Levítico, cuando comenzaron todos los «engendros» sencillamente cerré mi Biblia. Esto, además de que en nuestra iglesia realmente no había nadie de mi edad con quien interactuar, me hizo volver a la compañía de mis amigos del mundo. A los trece años iba a la iglesia porque mis padres me obligaban.

Los siguientes años fueron de rebeldía y diversión en el mundo. Mis padres me enviaron a una escuela secundaria militar para que desarrollara mi disciplina en el trabajo escolar y mi actitud. Me volví más formal en mi trato con más «señora» y «señor» en mi manera de hablar. Mis calificaciones subieron de I (incompleto) a A. Me gradué segundo en mi pequeña clase de secundaria de aproximadamente treinta y seis alumnos y aprendí mucho sobre personas y cosas de este mundo, lo que se convirtió en mi enfoque. Después de graduarme de la Universidad de Texas A&M, donde estudié agricultura, ingresé al Ejército de los Estados Unidos como oficial de artillería de campo. Fue durante mi gira en Alemania que el Señor finalmente volvió a tocar mi vida.

Las presiones del liderazgo militar y mis muchos otros deberes, me llevaron a beber excesivamente. Era bastante odioso e indiferente respecto a muchas cosas, excepto mis tropas y mi trabajo. Comencé a acumular muchos bienes materiales y dinero, pero no estaba contento. Todo ese tiempo, mi Biblia estaba en mi mesita de noche al lado de mi cama. Nunca la leía, pero quería que la gente supiera que «tenía religión». No sabía que el cristianismo es una relación con el Padre celestial. Estaba frustrado y desesperado después de haber buscado la paz y la satisfacción por mi cuenta. Fue en este momento de mi vida que finalmente tomé la Biblia que mantenía junto a mi cama, mi papá me la había regalado cuando entré al servicio militar.

Sabía que era tiempo de darme otra oportunidad con Dios, así que comencé a leer mi Biblia todas las noches antes de acostarme. Pensé que las cosas mejorarían automáticamente, pero no sucedió así. Unas dos semanas después, mientras oraba, decidí pedirle a Dios que me mostrara una vez más que Él era real. Si no obtenía respuesta, sencillamente volvería a cerrar la Biblia. Sentía que estaba en una encrucijada y necesitaba algo que le faltaba a mi vida. Lo bueno es que Dios no nos lleva a un punto de decisión para vernos caer, sino que Él está ahí para ayudarnos a tomar la decisión correcta si así lo deseamos.

Mientras oraba esa noche, sentí una presencia en la habitación que nunca antes había experimentado y sabía que solo podía ser el Espíritu Santo de Dios. Mi lámpara repentinamente se apagó, luego se encendió, luego se atenuó y después volvió a brillar. Nunca había sucedido eso en los dos años y medio que había estado en Alemania y después de esa noche nunca volvió a suceder. Realmente creí que el Señor había respondido a mi oración y más que escuchar, sentí una tenue voz que decía: «Soy real, Marshall. Confía en mí.» Esa noche, decidí aferrarme a Dios.

Es maravillosa la gran diferencia que esta decisión marcó en mi vida. Mi amargura desapareció, y una paz maravillosa invadió mi vida. El cambio no fue instantáneo, y tuve días difíciles como todas las demás personas, pero con el tiempo desarrollé más confianza en mí mismo, dejé de beber, mi manera de hablar cambió y las delicias del mundo ya no me atraían. Jesucristo indudablemente cambió mi vida. Todavía tengo días difíciles, pero el Espíritu Santo siempre está conmigo para ayudarme en mis momentos de necesidad.

La manera de usar su testimonio

Con mis experiencias, puedo hablar sobre la ciudad, los desafíos del transporte público o el tráfico en la hora punta, juegos de pelota y lugares públicos gratuitos para disfrutar con la familia. Puedo hablar sobre América rural y la compra de mi propia granja. Puedo hablar de mis años en el ejército, así como de trabajar en una fábrica y los desafíos que emergen en ese entorno. Puedo hablar de vivir en una casa móvil Windsor usada de 14x70 (sí, de verdad), y de haber tenido al principio solo un colchón en el piso como mi cama. Puedo hablar sobre tener lo justo para comer o gozar tiempos de prosperidad. Todas estas áreas simplemente me ayudan a encontrar una puerta de oportunidad para compartir cómo Dios cambió mi vida para mejor y me ayudó en las diversas etapas de mi vida. Entonces puedo preguntar algo parecido a: «¿Te gustaría que Dios cambie tu vida de esa manera?» o «¿Alguna vez has pensado en una relación así con Dios?».

Una falla de muchos en ocasiones, incluyéndome a mí mismo, es no preguntar si a alguien quisiera experimentar una relación real con Dios después de que hemos compartido lo que Dios ha hecho en nuestra vida. Cuando no presentamos esta invitación, es como sostener una soga en las manos mientras llevamos a alguien a un lugar seguro, pero cuando llegamos a la cima, ¡soltamos es línea de seguridad! En realidad, nunca haríamos algo así a propósito. Sin embargo, hemos fallado cuando no preguntamos a la gente cuál es su relación con Dios o si han considerado dejar que Dios los ayude en su situación. Mi intención no es animar a que se manipule o se presione a las personas; detesto esta práctica tanto como las demás personas, pero creo que si nos preocupamos lo suficiente por aquellos con los que probablemente hemos establecido relaciones, deberíamos por lo menos compartir con ellos algo tan maravilloso como una vida cambiada. A veces, cuando comparto con un grupo de personas más reacias al mensaje, en tono de broma les hago una pregunta y les aconsejo que necesitan estar en la iglesia de una manera que no sea ofensiva solo con el fin de plantar la semilla.

Con algunas personas solo necesitamos ser francos, así que no tenga miedo cuando el Espíritu Santo lo mueva a ser abierto. Greg Laurie parece estar de acuerdo con esta mentalidad cuando destaca la importancia de hacer la pregunta: «¿Cómo hacemos esa transición de compartir nuestro testimonio y el esencial mensaje del Evangelio para guiar a una persona a Cristo? No es tan difícil como tal vez piensa. Pero más tarde o más temprano tendrá que hacer la pregunta a la persona con la que está conversando: "¿Quisiera pedir a Jesucristo que venga a su corazón ahora mismo?"».[131] Como podría suceder con la mayoría de las personas, si no somos claros respecto a qué les pedimos que hagan, sólo abriremos la puerta a una gran confusión. Entonces, después de compartir su testimonio, propóngase presentar claramente la pregunta más importante de todas.

¿Qué puede decir de su vida? Tal vez ha vivido una vida de riqueza y el dinero nunca haya sido una preocupación. Pero es posible que haya conocido personas superficiales que han intentado aprovecharse o abusar de usted. Es posible que haya sentido el vacío de toda esa riqueza y no haya recibido amor verdadero, amistades o un propósito para su vida; todas las diversiones y ninguna verdadera amabilidad del mundo que lo rodea. O posiblemente es exactamente lo contrario: una vida de abuso, alcohol, drogas y relaciones fallidas. Es posible que haya enfrentado el

131 Greg Laurie, *Tell Someone*, Kindle edition, location 1223.

lado más oscuro de la humanidad y haya tenido la suerte de vivir para contar a otros sobre esto. O tal vez usted fue esa persona criada en la iglesia que encontró a Jesucristo a una edad temprana. No importa cuál sea su testimonio, este revela un Dios amoroso y bondadoso que no solo puede liberarnos, además nos sustenta, nos cambia, nos da amor verdadero y un propósito para nuestra vida. ¡Él es un Dios maravilloso!

Me detengo un momento para compartir una noticia importante con usted. ¡No se avergüence de su testimonio! He hablado con personas que creen que no tienen un testimonio porque fueron criados en la iglesia, ¡pero ese es un gran testimonio! Dios los mantuvo alejados de tantas cosas y le permitió estar en condiciones de ayudar a otros que han crecido en la iglesia, pero no ven su verdadera necesidad de una relación personal con Cristo.

Quizás sienta que su testimonio es tan malo que se avergüenza de su pasado. Me identifico totalmente con este caso. Huí de Dios por doce años y cuando huimos de Dios—o nunca nos hemos sometido a Él—, hay cosas de las cuales no nos sentimos muy orgullosos. Pero Dios puede usar todo lo que cualquiera de nosotros ha experimentado en la vida, ya sea en el pasado, en el presente o lo que viviremos en el futuro. Solo necesitamos tener esa mentalidad que se somete a Cristo, sigue la dirección del Espíritu Santo y nunca deja de ayudar a otros a ver las cosas maravillosas que Dios puede hacer en nuestra vida si lo dejamos. Dios realmente quiere usarlo como un salvavidas sea usted una persona de recursos, sea pobre o tenga lo suficiente para vivir. Busque oportunidades de conectarse con las personas con la esperanza de compartir las buenas noticias con ellos, y nunca renuncie.

Ahora es su turno

Esto puede ser un real desafío para algunos de ustedes, ¡pero será un gran desafío que superar! Al escribir su testimonio personal, usted básicamente escribirá acerca de tres cosas: su vida antes de Cristo; los acontecimientos que lo llevaron a tomar su decisión de seguir a Cristo; y su vida después de aceptar a Jesucristo como Salvador y Señor. Procure usar un lenguaje comprensible para alguien que nunca ha oído hablar de Jesucristo o nunca ha ido a una iglesia. El lenguaje religioso puede ser muy ofensivo, así que esfuércese para usar un lenguaje común y cotidiano para compartir su testimonio. Muy bien, ¡aquí vamos!

Primero, escriba por lo menos un párrafo que describa la persona que usted era antes de tomar la decisión de seguir a Cristo. ¿Qué adjetivos lo describirían como persona? Escriba algo sobre el tipo de familia en que creció y la vida que experimentó en el hogar. ¿En qué negocio participó y qué prácticas comerciales utilizó que cambiaron después de haber conocido a Jesucristo? ¿Qué actividades habría hecho para ser aceptado por otros, para ganar dinero o simplemente para sobrevivir? Quizás estuvo en las calles o involucrado en algo ilegal. Sea sincero y humilde. La gente nota cuando alguien es auténtico.

Segundo, escriba por lo menos un párrafo que describa las circunstancias en que decidió seguir a Cristo. ¿Hubo otra persona involucrada? ¿Tuvo un encuentro personal y divino cuando estaba solo en alguna parte? ¿Dónde vivía en ese momento? ¿Hubo otras relaciones que influyeron en su decisión, sus hijos o cónyuge, si está casado? ¿Qué lo ayudó a darse cuenta de que esto llamado cristianismo es algo real? ¿Estaba asustado? ¿Cuáles eran sus temores? ¿Tuvo su experiencia de conversión en algún campamento especial o en un servicio especial de la iglesia? ¿Hubo un orador invitado que predicó? Ayude a la persona que escucha a sentir lo mismo que usted sintió cuando finalmente llegó a ese punto de decisión de dejar su pasado y seguir a Jesucristo.

Por último, escriba al menos un párrafo que describa cómo se sintió inmediatamente después de su decisión de pedir a Jesucristo que lo perdonara y fuera el Señor de su vida. ¿Sintió algo? ¿Cambió algo de inmediato o los cambios más significativos sucedieron más tarde? ¿Cómo es su vida hoy? ¿Qué ha hecho Dios por usted que nunca habría podido alcanzar por si mismo? Puede hablar de cómo es su vida hoy que es parte de una familia maravillosa: la familia de Dios. Después de que termine de decir cómo ha cambiado su vida, no deje de preguntar a quien lo escucha: «¿Quisiera experimentar ese tipo de relación con Dios?». También podría hacer una pregunta más sutil, como: «¿Alguna vez ha experimentado algo así?». Aunque es una pregunta muy general, cuando es planteada de esta manera, el Espíritu Santo obrará en la persona con quien está hablando, y también le dará a esa persona la oportunidad de responder.

Ahora que ha escrito su testimonio, dedique un tiempo para leerlo en oración. Imagine que comparte ese testimonio en un minuto, unos cuantos minutos o durante toda una hora, mientras toma una taza de café con un amigo. Siga trabajando en su testimonio para agregar información adicional que pueda ser útil en diferentes escenarios. Al leer su testimonio, es posible que recuerde algo que no incluyó, ¡así que no tenga temor de modificarlo constantemente y mejorarlo! Se trata de su testimonio, y nadie puede refutarlo. Dicho esto, además de leer su testimonio a otra persona, memorícelo y hágalo suyo. Es su historia y será mucho más probable que las personas respondan positivamente cuando vean que viene de su corazón, no solo de su cabeza.

Nunca deje de explorar

Todo cristiano debe darse cuenta de que una decisión seria que cambiará su vida por la eternidad no se debe tomar a la ligera. Por lo tanto, no se desanime ni renuncie cuando después de haber compartido su fe alguien decide que Jesucristo no tendrá el señorío y el liderazgo de su vida. «El desánimo puede ser dolorosamente agudo, especialmente si hemos compartido lo mejor que nos ha sucedido y la persona que nos escucha no le da importancia o no cree. Es ahí donde debemos recordar que nuestra labor es simplemente dar el mensaje; Dios traerá el crecimiento».[132]

132 Mark Dever, *The Gospel and Personal Evangelism* (Wheaton: Crossway Books, 2007), 111.

Siga orando por oportunidades y explorando los lugares que frecuenta cada día o cada semana.

A veces, solo los actos de bondad atraen la atención de las personas y brindan oportunidades para una palabra amable o el comienzo de una relación. He visto personas que ceden su asiento a alguien mayor en el transporte público y todos a simple vista notan ese simple gesto de amabilidad. Si usted usa el transporte público todos los días, su solo gesto de amabilidad puede abrir la puerta a conversaciones de fe más adelante. Si con cierta frecuencia visita una cafetería, un supermercado, un banco, una estación de servicio, un negocio o un restaurante, pronto conocerá a las personas que trabajan allí y a otros clientes también. Y a su vez, ellos lo conocerán a usted. Si en su trato usted muestra amabilidad y preocupación por los demás, en algún momento esa actitud puede abrir la puerta a las conversaciones de fe.

De hecho, la antigua fórmula para presentar el mensaje del Evangelio se centró principalmente en la vida eterna con Cristo o en el pecado y el castigo. Sin embargo, la fórmula que ensayábamos generalmente omitía gran parte del mensaje del Evangelio. Como el Dr. George Hunter dice:

> Sí, el Evangelio trata sobre el segundo nacimiento y la vida eterna, pero también habla del amor, la gracia, la justicia, la bondad, la paz y el reino de Dios. También habla del perdón de los pecados y la libertad del pecado; la reconciliación y la redención; y la justificación, la vida abundante, la santificación y más. Además, el Evangelio incluye el mensaje de Jesús que nos llama a una nueva vida, en este lado de la muerte, en el que ya no vivimos por nuestra propia voluntad, sino por la suya; y los temas más amplios de su mensaje proclaman una visión de justicia, paz y una creación redimida.[133]

---

133 George G. Hunter III, *The Apostolic Congregation*, 84.

El Evangelio realmente toca todos los aspectos de nuestra vida, por lo que tratar de cubrir cada detalle y convencer a alguien de su necesidad de «ser salvo» en un lapso de cinco minutos no es realista. No solo deja de lado algunos aspectos esenciales del mensaje del Evangelio, sino que también pone una expectativa poco saludable en aquellos de nosotros que queremos compartir nuestra fe. No debemos dejar de tener conversaciones de fe porque es ingenuo pensar que cada pregunta de un no creyente puede ser respondida en una sola conversación.

Es por eso que tantas encuestas revelan que se necesitan numerosos encuentros con la fe cristiana antes de que alguien llegue al momento de tomar una decisión informada sobre el cristianismo. Qué maravilloso ser el último eslabón en una larga cadena de encuentros con el cristianismo, y tener el privilegio de orar con alguien para recibir a Cristo como Salvador. Pero nos predisponemos al fracaso cuando tomamos las decisiones de salvación como nuestra única medida de éxito. Es como esperar que cruzaremos la línea de la meta inmediatamente después de que suene el tiro de partida en una competencia de atletismo. Somos llamados a correr bien la carrera cristiana, por lo que nuestro enfoque debe ser compartir la semilla del Evangelio en todo lugar y en cualquier momento que el Espíritu Santo nos muestre que lo hagamos. La obediencia a la Gran Comisión de Dios es el verdadero objetivo que todos debemos adoptar, un paso a la vez.

Debemos pedir a Dios que nos muestre nuevas maneras de compartir las verdades eternas de las Escrituras. El gran predicador, John Wesley, nos anima a tener conversaciones de fe con otros:

> Wesley entrenó a su gente a visitar a las personas en su hogar y en otros lugares. Enseñó que la conversación nos permite discernir los temas del Evangelio a los que las personas están más abiertas, y es la forma de «acercarnos» y «adaptar todo nuestro discurso a sus diversas condiciones y temperamentos». Concluyó

que la conversación es necesaria para llegar a la mayoría de las personas.[134]

En realidad, no necesitamos convertirnos en ruidosos proclamadores del Evangelio que usan la Biblia para atacar. Debemos continuar viviendo nuestra vida como un testimonio de la gracia de Dios y buscar oportunidades para incluir a Cristo en nuestras conversaciones cotidianas. Esto permite que nuestras acciones hablen como un claro testimonio de Cristo conforme «hacemos el bien». Al hacerlo, modelamos a Cristo mismo. Según Hechos 10:38: «cómo lo ungió [a Jesús de Nazaret] Dios con el Espíritu Santo y con poder, y cómo anduvo haciendo el bien y sanando a todos los que estaban oprimidos por el diablo, porque Dios estaba con él». Así también, debemos ir y hacer lo mismo porque Dios está con nosotros.

Es útil recordar que todos debemos «ganarnos el derecho» de hablar a la vida de alguien en un nivel espiritual (que generalmente es un área de la vida que la mayoría de las personas protege muy bien). A veces ganamos ese derecho cuando nuestra experiencia de testimonio se conecta con la experiencia de otros. En otras ocasiones, ese derecho se gana después de un largo período de tiempo, a medida que desarrollamos relaciones de confianza con las personas que nos importan. Por lo tanto, no se frustre ni abandone su esfuerzo cuando las conversaciones de fe no parezcan fructíferas: siga explorando la comunidad que lo rodea para encontrar nuevas maneras y métodos de compartir la maravillosa historia de Cristo. Vince Lombardi dijo una vez: «Los ganadores nunca se rinden, y los que renuncian nunca ganan», pero todos sabemos que la vida no siempre se explica con un simple cliché. A veces, renunciar a algo es exactamente lo que Dios quiere que hagamos: las drogas, la conducta pecaminosa, el abuso o cualquier otro tipo de comportamiento denigrante. Pero cuando se trata de la Gran Comisión, de anunciar la esperanza en Cristo en un

---

134 George G. Hunter III, *The Apostolic Congregation*, 87.

mundo perdido sin Él, podemos estar seguros que Dios no quiere que renunciemos, nunca.

Felizmente, todos somos solo eslabones en una larga cadena de personas que obran unidas para guiar a otros a Cristo; ningún eslabón es más importante que otro. Solo somos responsables de nuestra parte. Solo Dios conoce el corazón, y solo Él debe recibir todo el crédito por cualquier bien que suceda. Las encuestas indican que una persona podría tener doce a quince o más encuentros espirituales antes de que esté preparada para tomar una decisión informada respecto a Cristo. Así que no se enoje cuando la persona con la que está compartiendo no atravieza esa línea de fe, ¡tal vez usted es el eslabón número nueve! Dios nos ha mandado esparcir la semilla del Evangelio: Él hará el resto. Como dijo el apóstol Pablo: «Yo planté, Apolos regó; pero el crecimiento lo ha dado Dios» (1 Corintios 3:6). ¡Entonces, vaya, esparza la semilla hoy y tenga en cuenta que usted es un maravilloso eslabón!

¿QUÉ ES LO SIGUIENTE?

Si ha tenido el privilegio de orar con alguien que quiere poner su fe en Jesucristo, ¡dele una Biblia o un Nuevo Testamento y anímelo a comenzar a leer! Muchos creen que el libro de Marcos o de Juan puede ser el mejor punto de partida, pero la clave está en comenzar. Además, anímelo a asistir a una buena iglesia. Como mencioné antes, trate de obtener un nombre e información de contacto para que pueda hacer un seguimiento de la persona o dar la información a los líderes de su iglesia. De esta manera, ellos podrán enviarle recursos de seguimiento relevantes.

Además, hable de las grandes cosas que Dios está haciendo en su vida al dar pasos de fe cada día. Comente las pequeñas victorias que experimente al hablar con otras personas acerca de lo que Dios ha hecho en su vida, esto será de ánimo para otros. La sinceridad sobre los temores o las inseguridades que Dios lo ha ayudado a vencer solo será de bendición a otros que están tratando de seguir los mandamientos de Cristo.

Sobre todas las cosas, usted y sus amigos deben agradecer a Aquel que permite que tenga esos encuentros divinos: Dios mismo. Solo Dios merece toda la gloria por cualquier bien que surja de nuestros esfuerzos de evangelismo, y sí, es cierto que repito constantemente lo mismo, ¡pero es importante! Después de todo, Él fue quien envió a su Hijo, Jesucristo, a tomar nuestro lugar en la cruz del Calvario. Solo Él es quien cambia los corazones. Quizás hoy, Él es quien ha cambiado su corazón también.

HIMNO DE BATALLA DE LA REPÚBLICA

La siguiente es una traducción del maravilloso himno *The Battle Hymn of the Republic*, escrito por Julia Ward Howe en noviembre de 1861, fue publicado en la edición de febrero de 1862 de la revista *The Atlantic Monthly*. El coro se agregó en una fecha posterior y aparentemente usa la música de la canción *John Brown's Body*. Estos versos nos recuerdan que se acerca un día de juicio, para el cual debemos prepararnos, así como el gran precio que Cristo pagó para liberar a cada cautivo. Nunca olvidemos el precio que fue pagado por cada uno de nosotros. De hecho, usted es una persona muy especial a los ojos de Dios.

Mis ojos ya perciben la gran gloria del Señor,
cuando Él esté venciendo la maldad y el error.
Ya desnuda Su espada cual un rayo de furor; avanza Su verdad.

He leído la palabra que enseña la verdad
que según el hombre siembre, eso mismo segará,
y Jesús a la serpiente la cabeza herirá, y Dios avanzará.

Ha llamado a la carga y no retrocederá.
A los hombres que lo siguen Jesucristo probará.
¡Oh, sé presta, pues, mi alma a seguirle donde va!
Pues Dios avanza ya.

Fue allende de los mares que el Rey Jesús nació,
y con perfección sublime Él la luz a todos dio.
Sed valientes, pues, vosotros y luchad cual Él luchó.
Pues Dios avanza ya.

¡Gloria, gloria, aleluya! ¡Gloria, gloria, aleluya!
¡Gloria, gloria, aleluya! Avanza Su verdad

SU TAREA:
Reflexión, intercambio y aplicación

1. Escriba su testimonio. Recuerde escribir por lo menos un párrafo: acerca de su vida antes de su decisión de seguir a Cristo, del momento en que decidió seguir a Cristo y su vida después de pedir a Jesucristo que fuera su Señor. Recuerde usar lenguaje común, que cualquier persona pueda entender
2. Después de haber escrito su testimonio, ore y memorícelo. Agréguele otros detalles según sea necesario hasta que sienta que realmente refleja la verdad acerca de su vida. A veces, todos tendemos a olvidar algunas cosas que pueden ser embarazosas o dolorosas. Necesitamos ser sinceros y humildes.
3. Lea su testimonio a algún amigo y pida que le comente cómo le pareció y si realmente refleja su historia. Siempre es más fácil compartir con una persona de confianza y, que se espera le dé una crítica constructiva y en amor que lo ayudará si lo necesita.

CAPÍTULO 11

NUNCA RENUNCIE...A TRABAJAR EN USTED MISMO

Compartir el Evangelio puede ser una experiencia muy agotadora para ciertas personas y energizante para otras. A algunos les resulta muy difícil comenzar una conversación o compartir públicamente ideas sobre la privacidad de su propio camino de fe. Para otros, es tan natural como respirar. Usted podría identificarse con uno u otro extremo, o tal vez está en algún punto intermedio. Lamentablemente, muchas personas ven el evangelismo o la predicación como una tarea que se debe cumplir. La realidad es que debemos vivir un estilo de vida de evangelismo. Jarram Barrs dice con toda razón: «¿Pero qué quiere el Señor que haga respecto al evangelismo además de confiar en Él todo lo que no puedo lograr? Él desea que yo viva de una manera que muestre que el Evangelio es atractivo para todos a mi alrededor».[135] Y la clave para que el Evangelio sea atractivo radica en mantener nuestro corazón alineado con Dios.

Dios ha llamado a cada seguidor de Jesucristo a ser testigo, embajador o discípulo si lo desea, con todos sus derechos, privilegios y autoridad. Para ser el tipo de discípulo verdadero que Cristo demanda, debemos entender el costo y asegurarnos de que nuestro corazón esté bien con Dios. Como se mencionó anteriormente, ¡esta es una batalla diaria! Jesús nos ayuda a

---

135 Jerram Barrs, *The Heart of Evangelism* (Wheaton: Crossway Books, 2001), 55.

apreciar este costo de seguirlo en una respuesta bastante impactante a las multitudes que estaban con Él según relata Lucas 14:25–27:

> *Grandes multitudes iban con él; y volviéndose, les dijo: Si alguno viene a mí, y no aborrece a su padre, y madre, y mujer, e hijos, y hermanos, y hermanas, y aun también su propia vida, no puede ser mi discípulo. Y el que no lleva su cruz y viene en pos de mí, no puede ser mi discípulo.*

Creo que todos estaríamos de acuerdo en que la posición de nuestro corazón es importante para Dios, pero las declaraciones de Jesús son sinceramente perturbadoras. En estos versículos de las Escrituras se nos dice que una gran multitud seguía a Jesús dondequiera que iba. Y en ese momento, Jesús le dice a la multitud, y también a nosotros, que aborrezcamos a las personas que normalmente más amamos, y que ¡incluso aborrezcamos nuestra propia vida! ¿Puede imaginar a Jesús que le dice a usted y sus amigos: «Si alguien viene a mí y no aborrece a su padre y madre, su esposa e hijos, hermanos y hermanas, sí, incluso su propia vida, esa persona no puede ser mi discípulo». ¡Hombre, esa es una Escritura difícil de aceptar!

Entonces, demos una mirada más de cerca a este pasaje. ¿Dice Jesús que tengo que aborrecer a mi esposa, y a mis hijos? Eso está totalmente en conflicto con otros pasajes de las Escrituras donde Jesús nos enseña que debemos honrar a nuestros padres y amarnos unos a otros, hasta el punto de dar la vida (Juan 15:13). ¡Estos versículos no tienen sentido! Cabe notar que la palabra griega que se usa aquí para aborrecer es *miseō*, pronunciada «ma-sai-o», y suena bastante extraña. Pero literalmente significa odiar, desdeñar o detestar. La Escritura usa esta palabra en varios lugares. Dios incluso dijo en Malaquías 1:3: «Y a Esaú aborrecí, y convertí sus montes en desolación, y abandoné su heredad para los chacales del desierto». ¡Qué palabra tan fuerte!

Pero, recorramos el camino de los recuerdos. ¿Le hace pensar esto en la historia de Rebeca y sus hijos Jacob y Esaú? Aunque Esaú nació primero que Jacob, Dios dijo que el primero serviría al segundo. Y tengamos la plena seguridad de que incluso antes que Jacob y Esaú nacieran, Dios sabía lo que iba a suceder. ¿Acaso no creemos que Dios tiene la soberanía y el conocimiento pleno que hace posible que sepa todas las cosas? Claro que sí, ¡Él es Dios! De hecho, si leemos Romanos 9:10, Pablo refiere esta historia a los romanos y les dice que Dios no solo lo sabe, sino que los hijos de Rebeca fueron concebidos al mismo tiempo por su padre Isaac. Sin embargo, antes de que los gemelos nacieran o hubieran hecho algo bueno o malo, para que el propósito de Dios y la «elección se mantuviera», no por obras, sino por aquel que llama, le fue dicho a Rebeca que el hijo mayor serviría al menor. El versículo 13 lo dice: «Como está escrito: a Jacob amé, más a Esaú aborrecí».

¡Ay! No sé qué piensa usted, pero para mí son palabras difíciles de soportar. Eso me movió a ir más profundo aún para resolver un conflicto aparentemente difícil en las Escrituras. Felizmente, las Escrituras dan testimonio de sí mismas y nos dan claridad si nos dedicamos a indagar y realmente queremos saber la verdad. A veces, cuando tenemos dificultad con un texto, podemos ir a otras Escrituras para aclarar lo que no entendemos. Esta es precisamente la razón de mirar Mateo 10:37. Es algo así como una Escritura paralela a nuestro texto original en Lucas.

Debe entender que en el libro de Mateo, el autor y la audiencia a la que está escribiendo son hebreos. Mateo parece ser un poco más académico y articulado en su discurso, mientras que Lucas, que es médico, le habla al mundo de habla griega. En los días de Jesús, cualquiera que no fuera hebreo era considerado un bárbaro. Así que, el médico Lucas, quien obviamente era una persona bastante inteligente, está tratando de escribir de tal manera que estas personas puedan entender. Mateo, por el contrario, escribe las palabras de Jesús en este pasaje paralelo con una redacción ligeramente diferente a la del primer texto que consideramos. Mateo declara: «El que ama a padre o madre más que a mí, no es digno de mí; el que ama a hijo o hija más que a mí, no es digno de mí; y el que no toma su cruz y sigue en poz de mí, no es digno de mí. El que halla su vida, la perderá; y el que pierde su vida por causa de mí, la hallará» (Mateo 10:37–39).

A menudo en las Escrituras, el contexto es crucial. Si mi hija, Hannah, y yo estuviéramos conduciendo por el camino y yo dijera: «¡Cuidado!, ¡venados!». A menos que esté conmigo, usted no sabe si me refiero a dos venados o una manada de sesenta. No puede saberlo a menos que esté allí con Hannah y conmigo. El contexto es muy importante en los documentos antiguos, y debido a que las Escrituras datan de tanto tiempo atrás, una palabra a menudo podría tener varios significados dependiendo del contexto. Entonces, mientras estudiamos esto, debemos entender que la acción de «aborrecer» u odiar no representa todas las connotaciones negativas que uno normalmente podría asociar con esta palabra.

¿Cómo sé eso? Bueno, por un lado, cuando comenzamos a hablar sobre la acción de aborrecer, muchas imágenes vienen a mi pensamiento. Generalmente significa que hay enojo y frustración. Esto lo puedo experimentar mientras conduzco, ¡como cuando alguien se interpone en mi camino! Cuando eso sucedía, me exasperaba. ¡Quería detenerlos y preguntarles si alguna vez habían tomado clases para conducir! Pero ese no es el caso aquí en el Evangelio de Lucas. Literalmente, en el idioma original, Lucas realmente insinúa que necesitamos «amar menos». Entonces, Dios no es un enemigo. Él no se contradice; tampoco nos llama a odiar a nuestra familia y a nuestros hijos. A lo que sí nos llama a usted y a mí es a amarlos menos que a Él. Lucas quiso atraer la atención de los griegos, y la nuestra, utilizando un lenguaje impactante.

Otro hecho interesante es que las multitudes seguían a Jesús, y al parecer ¡todos querían tocarlo! Él era un personaje conocido por todos y además sanaba a los enfermos. Incluso en nuestro tiempo, a la mayoría de las personas les encantaría presumir e incluir a Jesús en su lista de amigos: «Sí, hoy estuve con Jesús otra vez. ¡Hemos sido amigos desde siempre!». Y sinceramente, estoy seguro de que había muchas personas que pensaban de esta manera, incluso en los días de Jesús. En la santa ciudad de Jerusalén había mucha gente y todos querían ver qué haría después. Entonces Jesús les dice: «¡Miren! ¿Quieren ser mis discípulos? ¿Quieren seguirme?

Entonces todo lo que es preciado para ustedes deben amarlo menos que a mí. Y para que los oyentes comprendieran la importancia de lo que Jesús está diciendo, Lucas en su relato del Evangelio usa un verbo ligeramente diferente: «aborrecer» a quienes más amas. Tienes que aborrecer a tu esposa. Tienes que aborrecer a tus hijos. Sin embargo, lo que literalmente está diciendo es que debe amar menos que a Jesús, incluso a quienes más ama. Es una idea paralela a «odio la calabaza». No me enoja pensar en la calabaza y realmente no la odio, simplemente no me gusta. Uso la palabra odio para decir de manera enfática que no me gusta.

Amarnos nosotros mismos menos que a Dios no es fácil. Tampoco lo es amar menos a nuestros padres que a Dios. ¿Sabe qué más deberíamos amar menos que a Dios? ¿Qué hay de nuestra actitud, nuestro dinero, nuestros realizaciones, nuestras habilidades, nuestra posición e incluso nuestra buena apariencia, solo por nombrar algunas áreas? De acuerdo, algunas personas como yo no tienen que preocuparse por el buen aspecto. Pero es muy fácil que estas cosas se apoderen de nosotros y se conviertan en una prioridad. Entonces, cuando Dios aparece y nos pide que dejemos todo eso, decimos: «¡¿Qué?!». Y nos damos cuenta de cuán aferrados estamos a esas cosas que nos han distraído.

Nosotros mismos nos decimos: «Ese no puede ser Dios». Pero, entonces, cuando ese «dulce, dulce, Espíritu» de Dios, del cual Doris Akers escribió hace años, comienza a susurrar y soplar vientos de cambio en nuestro corazón, pensamos: «Está bien, Dios, realmente eres tú». Esta hermosa canción dice:

Hay un dulce, dulce Espíritu en este lugar
Y yo sé que es el Espíritu del Señor.

Cuando dejamos que ese dulce Espíritu entre en nuestra vida, las cosas cambian... las vidas cambian... los corazones cambian, especialmente el nuestro. Hasta que dejemos que el Espíritu Santo entre y cambie nuestro corazón, tenemos el potencial de caer en una rutina espiritual. Comenzamos a seguir algo o alguien que no deberíamos. Hemos dicho que está bien y nos hemos convencido de que está bien vivir de rodillas adorando algo que no es Dios. Esa no es la posición relacional que Dios quiso que usted y yo disfrutáramos como discípulos, pero es lo que sucede cuando nuestro corazón está fuera de posición con Dios. Es por eso que nunca debemos dejar de trabajar en nuestra relación con Él.

De hecho, si elevamos a las personas o las cosas por encima de Jesucristo, eso es idolatría. Estamos sirviendo a algo o a alguien que no es Dios. Hay algunos cristianos, que se distraen por cualquier razón. Sinceramente, a veces todos nos distraemos y nos desviamos. Es una confesión difícil, pero el enemigo de nuestras almas, Satanás, es bastante bueno en lo que hace. Y generalmente no es hasta que estamos en la dulce presencia del Espíritu Santo de Dios, que nos damos cuenta de que no estamos en el camino que Él quiere que sigamos. Es en Su presencia cuando Dios a menudo nos da una idea de dónde estamos realmente en nuestro andar con Él.

Dios siempre tiene un mejor plan para su vida que el que usted tiene. Dios quiere que tú y yo lo amemos más, y es realmente su amor lo que nos impulsa a compartir nuestra fe con aquellas personas que no lo conocen. Cualquier «reflexión en el amor que Pablo, Moisés y, sobre todo, Jesús tenían por las personas nos recuerda que la motivación principal para alcanzar a otros es el amor».[136] A medida que nos esforzamos por amar y conocer más a Dios, experimentaremos no solo su inquebrantable amor por nosotros, sino también por toda su creación. En realidad, si Dios para nosotros es solo un medio para alcanzar un fin, estamos utilizando a Dios para obtener nuestra bendición, para estar en el lado correcto, eso quiere decir que no conocemos a Dios. Él no es un ser a quien usamos y manipulamos. Él no es un abrigo que nos ponemos cuando queremos lucir bien y que luego nos quitamos cuando se termina la presentación. No. Dios quiere cubrirnos. Así es, Dios quiere envolvernos con toda su bondad con Su plan. Casi puedo escuchar a los ángeles que se regocijan

136 Barrs, *The Heart of Evangelism*, 27.

cuando alguien vuelve a tener esa relación correcta con Dios: «¡Oh Dios mío, cómo ha crecido la familia!».

Dios nos quiere a nosotros. ¡Él nos quiere a todos! Esa es la única manera en que podemos ser grandes embajadores de Cristo. Cuando tenemos esos deseos egoístas y buscamos esas maneras egoístas de satisfacer los deseos de nuestra carne, siempre terminaremos decepcionados. O, al menos, la satisfacción parece desvanecerse rápidamente y nos deja anhelando algo más. Por eso debemos ser personas de oración y nunca dejar de trabajar en nuestra relación con Dios. Entonces, cuando el Espíritu Santo comience a mostrarnos nuestro vacío sin Cristo, nos daremos cuenta de su gran regalo para nosotros. Oswald Chambers dijo con todo acierto: «La única experiencia consciente que tendrán los bautizados en el Espíritu Santo es una sensación de absoluta indignidad».[137] Escuche eso nuevamente: «Una sensación de absoluta indignidad».

Ahora, no estoy aquí para decir que tenemos que culparnos al punto de deprimirnos y decir: «Yo soy un don nadie». Si no nos cuidamos, podríamos proclamar con orgullo nuestra indignidad. ¡Podríamos declarar con orgullo lo humildes que somos a quienquiera que nos escuche! Pero no a Dios. Sin embargo, cuando ese «dulce, dulce Espíritu» comienza a moverse en nuestro corazón, nos daremos cuenta de que no somos dignos. Es solo por la gracia y la misericordia de Dios, así como por su amor que nos envuelve y nos reclama como suyos, que nos llama a su familia.

Me encanta lo que dijo el teólogo Craig Blomberg. Él lo expresó así: «La motivación fundamental para obedecer a Jesús se convierte así en una profunda gratitud por lo que ha hecho por nosotros y que nunca podríamos haber realizado o merecido por nosotros mismos. Esto nos lleva a un compromiso radical, una renuncia a nuestros propios derechos...». Y escuche esto: «...donde las únicas recompensas que se otorgan son para

---

137 Oswald Chambers, *My Utmost For His Highest,* «August 22» (Grand Rapids, MI: Discovery, 1963), 235.

aquellos que no las buscan.»[138] ¡Qué declaración! Quiero repetir esa última oración. «Las únicas recompensas que se otorgan son para aquellos que no las buscan».

¿Lo consume la idea de ser reconocido y obtener promociones sin importar el costo? ¿Anhela secretamente que aquellos que lo rodean lo acepten por sus logros? ¿Lucha por recibir elogios de las personas? Bueno, cuando lo tenga, ¡no espere recompensa cuando llegue al cielo! Lo triste es que, a pesar de todo el reconocimiento de este mundo, todavía tendrá hambre de algo más. Porque solo cuando tengamos ese encuentro con Jesús y le demos el cien por ciento de nuestra vida, sentiremos esa satisfacción y plenitud. Es por eso que necesitamos una actitud de «nunca rendirnos» para seguir buscando a Dios y luchando por mantener la correcta posición espiritual a pesar de todas las atracciones que el mundo nos presente.

Porque huí de Dios durante quince años, sé lo que significa buscar satisfacción en la popularidad, los elogios y la recompensa. Podría presumir de todos los logros en mi vida. ¡Realmente no puedo decir que estudié en una escuela secundaria militar porque fui un excelente estudiante! Pero la realidad era que necesitaba más estructura en mi vida. Fui a una gran universidad donde mis compañeros me eligieron para marchar como el clarín mayor de nuestra banda en mi último año. Ese fue un privilegio increíble. Podría destacar todas las cosas maravillosas que hice. Podría hablar sobre mis experiencias militares. En verdad, todas estas experiencias significaron mucho para mí personalmente.

¿Pero adivine que? Todas esas cosas que ganamos en el mundo parecen venir con un poco de equipaje extra. Todo viene acompañado de cosas que no son muy maravillosas. Hubo muchas cosas que no hice bien cuando me alejé de Dios. Cometí muchos errores y tomé malas decisiones cuando estaba corriendo en la dirección equivocada. A la gente no le gusta hacer alarde de sus errores y malas decisiones, ¿verdad? Yo sé que no.

138 Craig Blomberg, *Jesus and the Gospels: An Introduction and Survey* (Nashville, TN: Broadman & Holman, 1997), 389.

Pero incluso cuando finalmente decidí seguir a Cristo, y rededigué mi vida al Señor, Él me sorprendió con su bondad. Me llevó a más lugares y me permitió hacer más cosas de las que podría haber soñado, porque tenía un mejor plan para mi vida. Dios tiene un mejor plan para su vida si deja que Él lo guíe. No piense que Dios va a despojarlo de todas las cosas buenas. Él tiene algo mejor para usted, pero debe dejar que Dios haga Su voluntad en su vida. Es por eso que usted no debe dejar de trabajar en su propia vida y en la relación que tiene con Dios.

Puedo decir que a pesar de todas las cosas maravillosas que Dios ha hecho en mi vida, me doy cuenta de que no lo merezco. Cristo pagó un precio increíble por la libertad espiritual que todos disfrutamos. Y cuando pienso en el precio que tantos en nuestro país han dado por nuestra libertad; el precio que muchos pagaron al sacrificar su vida, me embarga una sensación de profunda humildad. La mayoría de nosotros que hemos estado en el ejército sabemos que los verdaderos héroes nunca volvieron a casa. En verdad, no importa en qué país usted viva, esos son los verdaderos héroes. Cuando los recordamos y pensamos en los sacrificios que hicieron siento una solemne humildad. Cuando vemos a quien le falta una extremidad es un claro recordatorio visual de que la libertad nunca es gratis.

Mi esposa, Nancy, me compró una película de Kirk Cameron llamada *Monumental.* Se trataba de los puritanos que llegaron a Norteamérica en el siglo XVII. La película describe la persecución que sufrieron, cómo murieron o fueron encarcelados. ¡Cada vez que enfrentaban un obstáculo, para ellos era una oportunidad más! Con toda seguridad se sentían emocionados de pensar que Dios tenía para ellos algo mejor en el camino debido a toda esa persecución. Para mí, el primer traspiés que tengo me deprimo y me desanimo y me siento listo para dejar todo de lado. Esto me sucede cuando las cosas no resultan como creo que deberían. Pero los puritanos eran todo lo contrario. La actitud de ellos era más bien: «¡Sí! ¡Estamos en el camino correcto! ¡Por eso todos somos perseguidos!». No sé si a usted le sucede como a mí, pero yo necesito ese tipo de actitud positiva la mayoría de las veces.

Hablando espiritualmente, Dios tenía un plan para los puritanos, y los trajo a América. Pienso en todos los hombres y mujeres piadosos que nos precedieron para que podamos sentarnos aquí hoy y adorar a Dios libremente en nuestras iglesias. Me embarga una profunda sensación de humildad; y mi compromiso de preservar la libertad aumenta aún más. Pero cuando Cristo me recuerda el precio que Él pagó, todo lo que he logrado en mi vida, lo bueno, lo malo o lo indiferente, parece desvanecerse. Porque sé que no merezco su sacrificio que fue tan costoso para Él. Todo lo que Cristo ha hecho... es como un dardo que desinfla cualquier trofeo que he recibido en esta vida.

El Señor me recuerda a menudo que somos una gran familia, y he notado que las familias numerosas nos ayudan a mantenernos humildes, esto sucede incluso en las familias de la iglesia. Si me siento demasiado satisfecho conmigo mismo (u orgulloso), alguien estará muy feliz de ayudarme a poner los pies en la tierra. En mis años de infancia, había cuatro niños y cuatro niñas en el hogar Windsor. Tal vez usted nunca tuvo hermanos, pero estoy seguro de que puede imaginar que ninguno de nosotros cedió a la sensación de sentirse extra especial. Tenía hermanos mayores que me ayudaban a corregir mi actitud bastante rápido. Y si no lo hacían, mis hermanas mayores daban un paso al frente para ayudar. Y como yo era el quinto de ocho hijos, también tenía hermanos menores que ayudaban a mantenerme humilde.

Todos debemos recordar nuestro humilde comienzo sin Cristo, porque esto nos ayuda a recordar cuánto nos ama Dios. Pablo incluso les dijo a los romanos en el capítulo cinco, versículo ocho: «Pero Dios demuestra su amor por nosotros en esto: en que cuando todavía éramos pecadores, Cristo murió por nosotros» (NVI). Y puedo decirle que cuando comience a meditar en el sacrificio que Dios hizo para que usted y yo tengamos esa conexión con Él, verá la indignidad de la que habló Blomberg. ¡Alabado sea Dios, el velo del templo se rasgó! Eso significa que ya no necesito que alguien se comunique con Cristo por mí. Yo mismo puedo ir al trono de la gracia y hablar con mi salvador, Jesucristo. No tengo que pagar por el acceso. El costo de admisión ya ha sido pagado en su totalidad.

Y debido al amor que Dios tiene por cada uno de nosotros, Él quiere ayudarnos. En el Salmo 84:11, salmista dijo: «El Señor es sol y escudo; Dios nos concede honor y gloria. El Señor brinda generosamente su bondad a los que se conducen sin tacha» (NVI). Cuando nuestro corazón está en la posición correcta, caminaremos con rectitud como Dios quiso desde el principio, incluso cuando se trata de los sacrificios que hacemos. Por eso es importante saber donde está nuestro corazón, porque cuando se trata de sacrificios, es algo que viene del corazón, no solo de la mente.

Por ejemplo, cuando alguien está en el fragor de la batalla, no nos detenemos y decimos: «Bueno, pensemos esto y analicemos lo que tenemos que hacer». No, lo que determina la acción es lo que está en el corazón. Los instintos se hacen cargo. Lamentablemente, no se puede cambiar el corazón. Podemos esforzarnos, pero realmente no es posible que cambiemos lo que hay en el corazón.

Quiero dar un ejemplo. Podría ir donde mi esposa, Nancy, y decirle: «Cariño, ya no te amo. Aquí termina todo. He decidido en este mismo momento que ya no te amo». Podría pensar en mis acciones y decidir que voy a comportarme como si ya no la amara. Y ella solo sonreiría porque sabe que todo es una tontería. ¡Yo amo a mi esposa! Eso es algo que no puedo apagar de un momento a otro, ¡ni siquiera en broma!

Hemos tenido nuestros días difíciles en que no hemos estado de acuerdo. ¡Pero también hacemos las paces! Me gusta reconciliarme con ella. Nuestros hijos se sienten incómodos, pero a mí me gusta expresar afecto a mi esposa. Preferiría que hubiera paz en nuestro hogar y tranquilidad en mis relaciones, pero ¿sabe qué?, es en las luchas de la vida que las raíces crecen profundamente y aprendemos a resistir la tormenta. Vale la pena luchar por algunas cosas, y mi matrimonio es una de ellas.

Del mismo modo, nuestra relación con Cristo es una de esas cosas por las que vale la pena luchar. Pero cuando estamos en el fragor de una batalla, lo que nos impulsa es la posición de nuestro corazón: el corazón que realmente no podemos cambiar. Por eso es importante que conozcamos otra posición muy importante. Se trata de la posición de nuestra mente, de nuestros pensamientos.

Cuando era niño, mi madre me llevó a una ferretería agrícola en nuestra ciudad. Fue uno de esos lugares que tiene de todo, desde semillas para pájaros hasta alambre de púas. ¡Me encantó esa tienda! Mientras estábamos allí, vi un autito eléctrico rojo, que era popular y acababa de salir a la venta. ¡Le dije a mi mamá que lo necesitaba! Este juguete no era tan bueno como los de hoy, no era realmente operado con control remoto, tenía un cable conectado al auto. Sin embargo, en ese entonces era una tecnología bastante avanzada. Entonces, cuando le dije a mi mamá que necesitaba ese juguete, ella dijo: «Marshall, necesitas eso tanto como un agujero en la cabeza». Simplemente la miré y pensé: «¿En serio? ¿Eso me ayudaría?». ¡Porque quiero ese auto! Si necesito un agujero, ¡voy a conseguirlo!

Sé que algunos de ustedes están meneando la cabeza por lo que digo, pero es necesario que sea sincero. Como usted sabe, podemos hacer algo respecto a lo que pensamos. Lo que dejamos que entre en nuestra mente. De hecho, hubo un escritor anónimo que dijo: «Que la mente del maestro sea la maestra de tu mente». Pensé que es un dicho bastante sabio. Todos podríamos beneficiarnos si tomamos esas palabras con seriedad. Como sabemos bien, no todos los caminos conducen al progreso. Incluso cuando caminamos de la mano con Jesús, y vamos por el camino correcto, no todos esos caminos son fáciles. ¡Algunos de ellos son difíciles, y hay momentos en que le digo a Dios que no pienso que estoy listo para esa experiencia! Pero Dios me anima con su Palabra, y también ha animado a muchos que me han precedido. Por eso necesitamos a los santos, aquellos que tienen más tiempo en el cuerpo de Cristo que pueden animarnos en este camino llamado vida.

Todos alguna vez viviremos una cierta dificultad y desilusión, pero eso no significa que debamos renunciar. Pablo incluso le dijo a ese joven discípulo Timoteo: «Tú, pues, sufre penalidades como buen soldado de Jesucristo» (2 Timoteo 2:3). Les aseguro que Pablo no le dijo a Timoteo que soportara las dificultades solo porque era lo correcto. Lo dijo porque sabía que vendrían momentos difíciles, y las Escrituras dan testimonio de las dificultades y la persecución que soportaron. Philip Yancey compartió una verdad poderosa: «Cada vez que nos aferramos tenazmente a Dios en un momento de dificultad, o sencillamente cada vez que oramos, es posible que esté sucediendo más, mucho más de lo que habríamos poder soñar jamás. Hace falta fe para creer esto, y fe para creer que él nunca nos abandona, por distante que parezca.»[139] Incluso en las dificultades y la decepción, Dios sigue siendo fiel, como siempre lo ha sido.

La obra de John Foxe, *Foxe's Book of Martirs* [El libro de los mártires de Fox], detalla algunas de las atrocidades que sufrieron los elegidos de Dios. Por ejemplo, Nerón empalaría a los cristianos en grandes lanzas y les prendería fuego para iluminar los pasillos de su residencia. Los registros históricos revelan que efectivamente hubo persecución y sufrimiento. Pero el Apóstol Pablo, al igual que los santos que nos rodean hoy y aquellos que los precedieron, sabe que hay una recompensa cuando ponemos toda nuestra fe y confianza en el Rey de la gloria. ¡Él estará con nosotros hasta el fin! Quizás es nuestro momento de pasar de esta vida a la próxima. Quizás nuestro trabajo aquí en la tierra ha terminado. Esta bien. ¡Corramos la carrera que Dios ha puesto delante de nosotros! Hagámoslo con todo lo que tenemos y nunca dejemos de orar por oportunidades para compartir la esperanza que Dios nos ha dado a cada uno de nosotros, porque la eternidad está en la balanza.

Ahora, ¿cuántos de ustedes saben que el diablo es un mentiroso? Si realmente creemos que es un mentiroso y padre de mentiras (Juan 8:44), ¿por qué ponemos atención a las dulces tentaciones que susurra en nuestro oído? Él siempre nos guiará a un camino que parece bueno pero que termina mal. Cuando desconectamos nuestra mente y dejamos que nuestros sentimientos nos guíen, a menudo sufriremos una decepción. Me recuerda una situación que sucedió entre Nancy y yo.

Tenemos esta relación de amor y odio. A veces le hago un comentario sobre las redes sociales y el tiempo que dedica a ello. Luego ella me responde diciendo: «Bueno, tú dedicas demasiado tiempo a la computadora». De lo

---

139 Philip Yancey, *Desilusión con Dios* (Grand Rapids, MI: Zondervan), edición digital.

cual soy culpable. Lo reconozco. Soy un *trabajólico* en recuperación. Solía hacer soporte informático, por lo que la computadora es mi herramienta de trabajo por defecto. La verdad es que probablemente ambos somos culpables cuando pasamos demasiado tiempo en las redes sociales y en la computadora.

Pero una noche, por alguna razón estaba realmente molesto. Estaba enojado pero no dije nada. Estaba trabajando en un sermón, ¡así que ya puede imaginar quién estaba tratando de trabajar en mí! Entonces, me acosté temprano y enojado. Traté de dormir pero seguía enojado. De hecho, recuerdo que estaba sudando de lo furioso que estaba.

Mientras estaba tendido en la cama, sudando y orando. Créame que mis oraciones no eran muy espirituales en ese momento. Pero sinceramente, estaba tratando de buscar a Dios y encontrar algo de paz y ayuda con todas las demás cosas que estaban sucediendo en ese momento. Parecía que ya no soportaba más y realmente necesitaba que Dios me ayudara en mi momento de debilidad e ira.

> «...sus decisiones inevitablemente determinarán su dirección. La posición de su mente es lo que usted puede cambiar».

Entonces, fue como si el Espíritu Santo se hubiera acercado para hablarme. Tuvimos un diálogo como nunca antes. Él me dijo:

«Sabes Marshall..., tú eres un hombre de oración. Tú oras con sinceridad, ¿verdad?

«Sí Señor», respondí. (¡Siempre sabemos que Dios se está preparando para algo cuando comienza a hacer preguntas para las que ya sabemos las respuestas!)

El Espíritu Santo continuó: «Nancy es una mujer de oración. Ella también ora, ¿no es así?

«Sí Señor», respondí de nuevo.

Él dijo: «¿No crees que los dos me escucharían si yo les hablara?».

«Sí ... supongo que así sería». Respondí tímidamente ... sabiendo que Dios tenía razón.

Y tan pronto como el Espíritu Santo me dijo eso, y sencillamente porque quería que mi corazón estuviera bien y porque quería oír lo que me quería decir, el fuego de mi ira se esfumó. El humo espiritual de ese fuego, incluso el mismo olor a humo desapareció. Lo que quiero decir es que toda la ira que acababa de enfrentar desapareció al instante, y el Señor me ayudó a pensar con cordura. A menudo dejamos que el enemigo nos incite, y cuando comienza a lastimarnos, también iniciamos ese camino de querer que las cosas sean a nuestra manera. Nos convencemos de que nuestro camino es el mejor, y nadie nos disuade de seguir nuestro parecer.

Lamentablemente, la verdad es que debimos habernos arrodillado en nuestro armario de oración para bombardear el cielo, y dejar que Dios nos hablara. Esa noche, Dios me habló amablemente y sé que le hablará a usted si realmente quiere escucharlo. Fue una experiencia tan poderosa para mí que tuve que levantarme de la cama y terminar mi mensaje. Así de asombroso es Dios: tanto se preocupa por mí y por usted, que está dispuesto a acercarse para hablarnos.

¿Puedo decirle algo? La decisión determina la dirección. Nuestras decisiones determinarán nuestra dirección en la vida, ¡pero eso no siempre es fácil porque nuestros sentimientos se interponen! Se convierten en enormes obstáculos. Cuando nos lastimamos y nos herimos emocionalmente, lo último que tenemos ganas de hacer es sentarnos con una taza de café o algo parecido, y decir: «Hablemos de esto». O aparentar que todo está genial y que no sentimos dolor alguno. Como cuando vamos a la iglesia, y alguien nos pregunta: «¿Cómo estás?». Y respondemos: «¡Genial!».

Los sentimientos heridos son realmente difíciles de superar, pero ¿puedo compartir una verdad con usted? Ir más rápido en la dirección equivocada no lo llevará a donde necesita ir. Usted y yo debemos tomar esa decisión mental de ir en la dirección correcta, porque nuestras decisiones determinan la dirección. Es difícil reflejar el amor y la actitud de Cristo cuando estamos disgustados con los demás. Incluso he tenido relaciones que no han funcionado, no importa cuánto esfuerzo haya invertido en ellas, pero solo debo dejarlas en manos de Dios. Lo importante es asegurarme de que mi mente y mi corazón estén alineados con Dios. Está bien que las personas que lo rodean sepan que los cristianos no tienen todas las respuestas y que no somos perfectos. También enfrentamos situaciones difíciles en la vida, pero hemos decidido seguir a Cristo, nuestro defensor que intercede por nosotros. Tenga la seguridad de que si decide ir en la dirección correcta ha dado el primer paso para llegar a su destino.

Cuando estaba en el ejército, solía dirigir muchos convoyes. Hoy, vemos convoyes en las autopistas cuando estamos conduciendo. Cuando los vemos generalmente nos lleva a una maravillosa conversación sobre la excelencia de nuestro ejército y el privilegio de verlos viajando por las carreteras. Pero la verdad es que los convoyes para maniobras militares casi nunca ocurren durante el día. Suceden de noche. De hecho, ni siquiera encienden sus luces regulares. El ejército tiene algo que llama «el apagón», que realmente es un tiempo en que no se debe conducir.

Pero si hablamos con toda seriedad, las únicas luces que se pueden usar son linternas. Hay algunas en el frente de los vehículos y algunas rojas en la parte posterior. Ya puede imaginar lo difícil que es conducir bajo esas condiciones. De hecho, vivir en la parte este de Texas con todos los bosques de pinos me recuerda mi tiempo en Alemania. En esa parte del mundo los pinos crecen tan altos y densos que ni siquiera se puede ver el cielo por la noche. No se ve la luz de la luna. No se ven las estrellas. Nada.

Además, cuando un convoy militar recorría los caminos por la noche, casi nunca era por una carretera principal pavimentada. Si alguna vez lo hacíamos, era solo para llegar al siguiente camino de grava o tierra. ¡Generalmente estábamos en un lugar solitario! Irónicamente, los mapas militares tienen caminos que no encontramos en otos mapas. A veces, esto es motivo de frustración y nos preguntamos quién dibujó ese mapa, porque tenemos la seguridad de que no hay camino donde ese mapa dice que lo hay.

Una noche estaba guiando un convoy a través de un terreno difícil y llegamos a una intersección en T en un camino de ripio. No se veía absolutamente nada, y supuestamente debía averiguar a dónde ir para reunirnos con los demás vehículos de nuestra unidad. Ahora, lo peor que podría suceder sería perder el rumbo. Por cierto, la persona que dirige el convoy nunca confesaría que está perdida, solo diría que está «temporalmente desorientada». Reconozco que no quería unirme a las filas de aquellos que se habían desorientado temporalmente, así que tomé mi linterna y salí de mi jeep para hacer una inspección más minuciosa de la intersección en T. Me arrodillé para buscar huellas de neumáticos, ¡porque no quería perderme!

Con toda sinceridad, a nadie le gusta perderse o sentirse desorientado temporalmente. Pero la verdad es que, para saber a dónde vamos, a menudo necesitamos un poco de iluminación, tanto en lo secular como en lo espiritual. Como cristianos, eso también significa que nuestra iluminación no siempre es solo luz, porque a menudo necesitamos algo de iluminación espiritual. El salmista nos dice en el Salmo 119:105: «Lámpara es a mis pies tu palabra, y lumbrera a mi camino». La Palabra de Dios iluminará la respuesta cuando enfrentemos dificultades: los lugares de oscuridad en nuestra vida. Nos ayudará a llegar al otro lado. Es por eso que cada uno de nosotros necesita leer y estudiar la palabra de Dios. También nos proporcionará dirección y diálogo divinos en medio de nuestras conversaciones de fe. Conocer las Escrituras realmente puede ayudarnos en nuestros esfuerzos de llegar a las personas porque nos anima y nos equipa con verdades relevantes de las Escrituras que podemos compartir.

En el ejército, o incluso en casa, si tienes todas las armas o recursos del mundo pero no sabes cómo usarlos, ¿de qué te sirven? Una vez leí una cita en el Diario de Infantería que decía: «Cuando tiras la espoleta la señorita Granada ya no es tu amiga». De una manera humorística, ¡se te advierte que una vez activada debes deshacerte lo antes posible de esa granada! Después de quitar la espoleta de seguridad, será cosa de segundos para que la granada explote. Una vez que el soldado ha sacado el pasador y ha soltado la palanca, no es momento de preguntar: «¿Cuánto tiempo tengo?». Y si se da vuelta para preguntarle a sus amigos, se dará cuenta de que está solo. Sí, esos amigos inteligentes ¡se habrán ido!

Como cristiano, si no conoce la Palabra de Dios que es más cortante que cualquier espada de dos filos (Hebreos 4:12), no puede usarla contra los ataques del enemigo de su alma. Dios nos ha dado su Palabra y quiere que la estudiemos y la atesoremos en nuestro corazón. Es un gran regalo y es el recurso más poderoso que tenemos para compartir nuestra fe con quienes nos rodean.

Otro gran regalo es el Espíritu Santo de Dios. Cómo me gusta estar en la presencia del Espíritu Santo y ser guiado por Él porque nos ayuda a comportarnos como cristianos ante aquellos que no creen en Cristo. Richard Blackaby declaró:

> Una razón por la cual los cristianos a veces no muestran gracia a los no creyentes es que inconscientemente prensamos que todos deberían compartir nuestros valores. Los cristianos tendemos a formar nuestra propia subcultura. Pasamos la mayor parte de nuestro tiempo con otros creyentes de la Biblia. Desarrollamos un lenguaje y un estilo de vida comunes. Cuando interactuamos con aquellos que no aceptan las enseñanzas de Cristo o su señorío, no sabemos como responder. Sin embargo, la realidad es que lo único que podemos esperar de quienes no creen en Cristo es que actúen de una sola manera: como personas que no creen en Cristo.[140]

El Espíritu Santo es el que nos da gracia al tratar con los demás, corrige nuestra actitud y nos recuerda las Escrituras, artículos o libros que hemos estudiado o leído en tiempos pasados. También es el Espíritu Santo quien nos da esas suaves señales para iniciar conversaciones o hacer preguntas divinas. El Espíritu Santo no solo nos ayuda en nuestros esfuerzos por llegar, sino que también fortalece las decisiones correctas y la mentalidad de «nunca renunciar». Él es quien nos ayuda a actuar de manera cristiana, incluso cuando enfrentamos dificultades y decepciones que pueden ser paralizantes.

---

140 Richard Blackaby, *Putting A Face on Grace: Living A Life Worth Passing On* (Sisters, OR: Multnomah, 2006), 125.

El apóstol Pablo comparte en 1 Timoteo 6:12: «Pelea la buena batalla de la fe, echa mano de la vida eterna, a lo cual asimismo fuiste llamado, habiendo hecho la buena profesión delante de muchos testigos». Pablo le dice a Timoteo: «No te conformes con decirle a la gente que eres cristiano. Actúa como tal». Cristo también nos exhorta a cada uno de nosotros, a que dejemos de solamente decir a la gente que somos cristianos y que comencemos a vivir como lo que somos. La gente necesita ver un cambio en nosotros que les haga decir: «Oye, hay algo diferente en ti. ¿Qué está pasando en tu vida?». Entonces, usted podrá decir: «Acabo de tener la experiencia más increíble y que ha cambiado mi vida. Recientemente tomé la decisión de seguir a Jesucristo y Él ha cambiado mi vida». Sus acciones pueden conducirlo a algunas conversaciones de fe realmente maravillosas.

Sus acciones siempre mostrarán quién es usted, en cada conversación que tenga con las personas. No se trata de aparentar, sino de ser auténticos. Necesitamos entregar nuestro corazón y nuestra vida a Jesucristo. Como dije antes, nuestra decisión no significa que odiemos o descuidemos nuestras responsabilidades familiares. Significa que no ponemos nada por encima de Dios. No hay manera de que usted ponga otras cosas antes que Dios y después esperar que cambie su vida como Él desea. Jesús dijo que si para nosotros otras cosas son más importantes que Él, entonces no podemos ser sus discípulos. El Evangelio de Mateo nos dice que no somos dignos de ser discípulos del Señor cuando ponemos otras cosas antes que Dios: familia, trabajo, posición, dinero, condición social, talentos o cualquier otra cosa que nos separe de Jesucristo. Todo esto debe ser clavado en nuestra cruz que Dios nos ha dicho que tomemos y que carguemos diariamente.

¿Qué leemos en Lucas 14:27? «Y el que no lleva su cruz y viene en pos de mí, no puede ser mi discípulo». Esas cosas que nos alejan de Cristo son las que debemos clavar en la cruz cada día. Jesús clavó todos los pecados conocidos de la humanidad en la cruz que cargó, y nosotros debemos clavar todo lo que interrumpa y obstaculice nuestra relación con Jesucristo en la cruz que por nuestra propia voluntad cargamos por Él.

Dios lo creó a usted para que tenga una vida maravillosa llena de gozo y propósito, uno de ellos es hablar a otras personas acerca de Él. Jesús dijo en Juan 15:11: «Estas cosas os he hablado, para que mi gozo esté en vosotros, y vuestro gozo sea cumplido». La esperanza, el gozo, la paz, la provisión, la liberación, la protección y todos los demás atributos de Dios están disponibles para todos aquellos que siguen a Cristo. Él solo está esperando que finalmente rindamos nuestras agendas y nuestros planes, y todo lo demás que hemos trazado, y le digamos: «Muy bien Dios, estoy listo para tu plan. Estoy disponible».

Como puede ver, cada uno de nosotros debe poner sus pensamientos en orden cuando dejamos que Cristo sea el Señor de todo en nuestra vida. Todas y cada una de las cosas. Esa decisión determina nuestra dirección y le abre la puerta a Dios para que cambie la posición de nuestro corazón. Sinceramente, la posición es algo que realmente le importa a Dios. Es lo que nos da a usted y a mí la libertad de ponernos en pie y seguir a Cristo, convirtiéndonos en el embajador que Él desea. Cuando dejamos que Jesucristo verdaderamente cambie nuestra vida, comenzaremos a darnos cuenta de la esperanza que ahora está en nosotros, y esa es una esperanza que vale la pena compartir.

EN JESUCRISTO MÁRTIR DE PAZ[141]

En Jesucristo, mártir de paz
en horas negras y de tempestad,
hallan la almas dulce solaz,
grato consuelo, felicidad.

141 La letra de este hermoso himno de la Iglesia, cuyo título original es *Blessed Assurance*, fue escrita en 1873 por Frances (Fanny) J. Crosby, quien era ciega. Su amiga Phoebe Knapp compuso la música.

Coro:
Gloria cantemos al Redentor,
que por nosotros quiso morir;
y que la gracia del Salvador
siempre dirija nuestro vivir.

En nuestras luchas, en el dolor,
en tristes horas de gran tentación,
calma le infunde, santo vigor,
nuevos alientos al corazón.

Cuando en la lucha falte la fe
y esté el alma por desfallecer,
Cristo nos dice: «siempre dejaré
gracia divina, santo poder».

RESUMEN

Bueno, después de haber leído el *Manual Aprenda a Evangelizar*, ponga atención a la dirección del Espíritu Santo. Incluya a otros en conversaciones. Haga preguntas que puedan terminar en diálogos de fe. Comunique el mensaje de Jesucristo y lo que Él ha hecho en su vida. Y lo más importante, nunca deje de trabajar en usted mismo y ore por oportunidades para tener encuentros divinos que conduzcan a conversaciones de fe. ¡Piense en todos los apodos positivos por los que otras personas podrían recordarlo: héroe, salvavidas, compasivo, amoroso, amigo y una gran cantidad de otros adjetivos que son simplemente un reflejo del maravilloso Espíritu Santo del Dios Todopoderoso que mora en en su vida! Estoy tan emocionado por las conversaciones espirituales que le esperan y que tan desesperadamente se necesitan. Este es el por qué.

Recientemente tuve un sueño terrible que realmente me perturbó. Estaba en una fiesta con algunos amigos (es lo que pensaba). La comida para la fiesta había sido provista por otra compañía y todos estábamos sentados riendo y pasando un buen rato. Cuando llegaron las personas de la compañía proveedora de la comida, conversamos acerca de las expectativas y dónde debían poner lo que traían. El ambiente era jovial, algunos estaban bebiendo y otros no. Durante todo el sueño parecía estar separado, pero también era parte del grupo, un observador, por así decirlo.

Cuando los empleados de la compañía entraron en su vehículo tipo contenedor para comenzar a sacar los ingredientes, alimentos y bebidas, sucedió algo terrible. Uno de mis supuestos amigos bajó y cerró firmemente la puerta del contenedor. Todos se rieron y un amigo le preguntó a otro si tenía fósforos. ¡Con horror, vi como esta persona incendió los contenedores! La gente que estaba adentro golpeaba la puerta y los que yo conocía se reían de lo que habían hecho. Nadie pidió ayuda.

La fiesta era en un lugar distante en el campo y cualquier ayuda estaba muy lejos. Cuando pregunté a mis amigos si iban a pedir ayuda, me dijeron que yo podía llamar a alguien si quería. Corrí al teléfono que estaba en la pared y pregunté si alguien sabía a quién llamar que nos pudiera prestar ayuda. En ese lugar no había acceso al número de emergencia 911, pero alguien dijo que había un servicio de ambulancia no muy lejos. Cuando intenté llamarlos, era evidente que ese servicio de ambulancias estaba en otra llamada y no podían venir. ¡Llegué demasiado tarde! Estaba totalmente consternado por las personas que estaban encerradas en ese vehículo, que ahora estaba totalmente envuelto en llamas. En ese momento supe que ya no había posibilidad de ayudar a los sobrevivientes. De repente, mis supuestos amigos decidieron que la diversión había terminado, así que subieron a sus vehículos y se fueron.

Fue en este momento que me desperté sintiéndome tan afligido en mi espíritu y orando al mismo tiempo. Comencé a preguntarle al Señor qué significaba esto, y Él comenzó a revelarme algunas cosas sorprendentes. Los amigos en el sueño, en realidad eran Satanás y sus sirvientes. Estaban sentados riéndose porque habían engañado a aquellos honrados proveedores de alimento, que estaban allí porque ese era su trabajo en la fiesta. Estaba tan angustiado por las carcajadas de aquellos que fingieron ser amistosos, y por la muerte de tantas personas inocentes. Estaban bebiendo y burlándose de las personas que se quemaban vivas. Un espectáculo horrible para mí en lo personal.

Pero el Señor comenzó a revelar cómo a menudo vamos por la vida sin pensar en la eternidad o en los amigos que tenemos, representados en mi sueño por los esforzados trabajadores. Nos sentamos tranquilamente y dejamos que entren en la eternidad sin haberles hablado de la importancia de tomar una decisión sobre su camino de fe, o la diferencia que puede marcar una relación con Jesucristo. Así es, nos sentamos y tratamos de encajar con el mundo y con sus normas de aceptación, que son los supuestos amigos en mi sueño. Luego, cuando el fuego arde y la puerta está cerrada, tratamos de pedir ayuda y avisarle a alguien.

Ese es un esfuerzo noble, sin embargo es una respuesta demasiado tardía para ayudar a alguien. Si alguien hubiera advertido a los proveedores—nuestros vecinos, nuestros verdaderos amigos, nuestra familia, nuestros colegas, nuestros compañeros de clase, las personas con quienes nos encontramos todos los días—podría haberse evitado que estas terribles personas los quemaran vivos y los separaran de Dios por la eternidad. Si alguien hubiera sido obediente y hubiera compartido el gozo y la esperanza que Cristo da a cada creyente, las cosas podrían haber sido diferentes. Felizmente, con su obediencia y la mía, esos proveedores de alimento en nuestra vida pueden tener la oportunidad de tomar la decisión de disfrutar la eternidad en presencia de un Dios maravilloso. Nuestra obediencia los ayudará a escuchar acerca de un Creador divino que los ama de tal manera, que entregó a su Hijo unigénito para que muriera por ellos. De esta manera ellos también pueden tener suprema paz con el Dador de la vida. Dios quiere usarnos a usted y a mí en la mayor aventura del planeta: la aventura de compartir la esperanza que hay en nosotros. Mi oración es que realmente respondamos a este llamado de Dios.

SUBLIME GRACIA[142]

Sublime gracia del Señor
Que a mí, pecador salvó
Fui ciego mas hoy veo yo
Perdido y Él me halló

Su gracia me enseñó a temer
Mis dudas ahuyentó
¡Oh cuán precioso fue a mi ser
Cuando Él me transformó!

En los peligros o aflicción
Que yo he tenido aquí
Su gracia siempre me libró
Y me guiará feliz

Y cuando en Sion por siglos mil
Brillando esté cual sol
Yo cantaré por siempre allí
Su amor que me salvó

142 Traducción de la letra de *Amazing Grace* himno escrito por John Newton y publicado en 1779.

RECONOCIMIENTOS

Este libro no habría sucedido de no ser por la incansable ayuda de la Dra. Kitty Bickford y su equipo en Chalfant Eckert Publishing. Agradezco a Jim, a mi madre y a tantos otros que ayudaron a hacer realidad esta visión.

Gracias también, a todos aquellos que gentilmente me han permitido compartir la esperanza que atesoro hasta el día en que vea a mi Salvador cara a cara. Muchos han ido al cielo antes que yo y oro que multitudes me sigan si el Señor se tarda en venir.

Sobre todo, quiero agradecer a mi esposa, Nancy, y a mi hija, Hannah, por su aliento y comprensión en mis momentos de mal humor al tratar de cumplir con los plazos que yo mismo establecí. La corrección de pruebas hechas por mi hijo Joshua y Nancy me ha librado mucha vergüenza, y a mis lectores, de una terrible agonía. Que la bendición de Dios sea derramada sobre mis hijos y sobre mi mejor amiga y compañera de oración.

EL AUTOR

Marshall Moore Windsor nació en Dallas, Texas, y sus primeros años los vivió en la granja de la familia en Missouri. Amante del aire libre y familiarizado con el trabajo arduo, Marshall se unió a sus siete hermanos para ayudar a mantener la marcha de la granja familiar. La pesca y la caza de ranas eran pasatiempos favoritos cuando no estaba limpiando establos de caballos, transportando heno, trabajando ganado o ayudando en la cosecha dentro o fuera de los campos.

Marshall se graduó de Kemper Military School y Texas A&M University con una licenciatura en Agricultura Mecanizada, antes de ingresar al Ejército de los Estados Unidos como oficial de artillería de campo en 1983. Fue durante su tiempo en el ejercito que Marshall rededicó su vida a Dios.

Marshall y Nancy vendieron su granja en 1999 y se mudaron a Springfield, Missouri para matricularse en el programa de estudios bíblicos de un año en Central Bible College y entrar en el ministerio del evangelismo. Marshall recibió su certificado de maestría de divinidad en el área de idiomas bíblicos y su doctorado en ministerio en el área de evangelismo y discipulado del Assemblies of God Theological Seminary. Marshall se desempeñó como profesor adjunto de evangelismo de 2007 a 2011 en Central Bible College y actualmente cumple ese cargo en Assemblies of God Theological Seminary en Springfield, Missouri, y en SUM Bible College y Theological Seminary en El Dorado Hills, California. Marshall y Nancy se trasladaron al este de Texas, donde residen con su familia y han establecido como base de su ministerio hoy.

En 2005 Marshall fue nombrado Representante Nacional de Evangelismo para la fraternidad de las Asambleas de Dios y sirvió como presbítero general de evangelismo durante más de trece años. Marshall y su familia han ministrado en todo el mundo durante más de veinte años y continúan colaborando con las iglesias en sus esfuerzos de evangelismo, además de enseñar y capacitar a jóvenes evangelistas para cumplir la Gran Comisión de Dios.

Recursos que enriquecerán su vida y lo ayudarán a compartir su experiencia de fe con otros.

Manual Aprenda A Evangelizar: Cómo dar el regalo más grande

Únase al Dr. Windsor mientras comparte estrategias, anécdotas de la familia llenas de humor y sus propias aventuras de fe que lo ayudarán a percibir cuán sencillo es iniciar conversaciones de fe en su vida diaria. Este atractivo recurso le ofrecerá ideas clave para compartir el mayor y mejor regalo que un cristiano puede ofrecer. También en inglés. (225 págs. $14.99 Española)

Aprenda A Evangelizar: Cómo dar el regalo más grande [folleto]

Un panfleto de bolsillo de 28 páginas que acompaña al L.E.A.R.N. MANUAL de Evangelismo: Dar el regalo más grande. En solo 30 minutos, podrá leer y releer algunos consejos sencillos sobre cómo compartir la esperanza de Jesucristo dentro de cada cristiano. * ¡Disponible en eBook y en rústica! ** Descuento por cantidades al por mayor en rústica. También en inglés.

Becoming A Spirit-Empowered Evangelist [Conviértase en un evangelista lleno del Espíritu]

¿Alguna vez se ha preguntado cuáles son las características del ministerio de evangelista? ¿Siente el llamado a ser un evangelista? Becoming a Spirit Empowered Evangelist [Conviértase en un evangelista lleno del Espíritu] ¡debería usted leerlo! El Dr. Windsor comparte ideas prácticas aprendidas en más de veinte años de ministerio y lo que se necesita para permanecer en el ministerio (248 págs. $14.99 English).

** Visite http://www.learnevangelism.org para obtener más información sobre estos recursos y descargas gratuitas. ¿Quiere planificar un taller de evangelización? Envíe un correo electrónico a mail@windsmin.org.

Made in the USA
Columbia, SC
30 June 2023